garten
kurz & gut

Karl Ploberger

Balkone und Terrassen
für intelligente Faule

NATURNAH
GESTALTEN

avBUCH

Inhalt

Gutes Gelingen 4
Alles, was Recht ist 5
Der richtige Topf 5
Gute Erde 7
Pflanzen und Säen 8
Nährstoffe zum Wachsen und Gedeihen 10
Lebensnotwendig: Wasser 14

Blüten und Blätter 16
Welche Farbe passt nun
auf meinen Balkon? 17
Leuchtendes Gelb 18
Ganz in Weiß 20
Ganz in Rot 23
Blauer Blütentraum 26
Bunter geht´s nicht 28
Pflanzen für Schatten und Wind 30
Wind und Wetter 31
Ein wilder Kasten 32

Kübelpflanzen 36
Was sind Kübelpflanzen? 37
Der Traum vom Süden 39
Robuste Kübelpflanzen 41

Gemüse in Töpfen und Kübeln 44
Vom Aussäen und Pflanzen 45
Bohnen 46
Gurken und Zucchini 47
Kartoffeln 48
Kohlgemüse 48

Paprika und Peperoni 50
Balkonsalate 50
Tomaten 52
Wurzelgemüse 54
Und noch mehr interessante Gemüsearten 55

Obst für Balkon und Terrasse 56
Interessantes Beerenobst in Töpfen 57

Kräuter für Balkon und Terrasse 60
Aroma im Tontopf 61
Der Kräutertopf 62
Aromagarten auf dem Balkon 70

Bäume und Sträucher 73
Sortenauswahl 74
Frostgefahr und Winterhärte 74
Kampf dem Vertrocknen 75

Biologischer Pflanzenschutz 81
Sonne für Sonnenanbeter 83
Durst haben nicht alle 83
Hunger macht krank 83
Die häufigsten Schädlinge
und Krankheiten 86
Invasion der Blattläuse 86
Schnecken, auch in luftiger Höhe 88
Die häufigsten Pilzkrankheiten 92
Pilzerkrankungen vorbeugen 93

Register 94

Vorwort

Liebe Gartenfreundin! Lieber Gartenfreund!

Natur-Garteln in luftiger Höhe!

Wenn ich als Gast in einer Stadt unterwegs bin, dann richten sich meine Blicke nur zum Teil auf die Schaufenster. Meist erwische ich mich, wie ich nach oben schaue und die kleinen grünen Oasen suche. Oft findet man auf den kleinsten Balkonen einen „bunten Garten" – die Töpfe voll mit Gemüse, Obst und natürlich Blumen. Ja selbst Fensterbänke sind in der Stadt das Blumenbeet.

Ich erinnere mich gerne an meine grüne Oase in der Stadt – eineinhalb Quadratmeter groß und wirklich ein Dschungel. Mein Nachbar meinte immer: „Dass da Menschen noch Platz finden …"

Wir fanden Platz und wir haben es genossen – in Zeiten, als vom Urban Gardening noch lange keine Rede war, ernteten wir Tomaten, Gurken und Kräuter. Der seit einigen Jahren währende Trend des „Stadt-Gartelns" (wie ich es gerne nenne), macht mich sehr glücklich. Denn Pflanzen verbessern nicht nur das Klima in der Stadt, sie verbessern auch die Stimmung.

Wir von „Natur im Garten" wollen Ihnen dabei helfen. In diesem Buch finden Sie viele Anregungen für naturgemäßes Garteln auf Balkon und Terrasse. Ich hoffe, Sie werden genauso von der Pflanzenlust erfasst wie ich und genießen die grünen Momente.

Auf jeden Fall wünsche ich Ihnen viel Erfolg, vor allem aber viel Spaß beim „Natur-in-der-Stadt-Garteln!

Ihr
Karl Ploberger

Gutes Gelingen

Es beginnt mit ein paar Kräutern in Töpfen und einigen blühenden Kübelpflanzen, später kommen Tomaten dazu, und schon ist man auch auf dem Balkon oder der Terrasse vom Gartenfieber gepackt. Mit der richtigen Pflanzenwahl lässt sich der Aufwand in Grenzen halten und es bleibt genügend Zeit, das grüne Paradies zu genießen.

Alles, was Recht ist

Wer kann gegen Blumen, Gemüse und Obst auf einem Balkon oder einer Terrasse schon etwas haben? Bei Ihrem eigenen Haus ist das keine Frage – Sie dürfen weitgehend nach Lust und Laune gestalten. Leben Sie allerdings in einer Eigentums- oder Mietwohnung, so dürfen Sie nicht alles machen, was Sie wollen. Bedenken Sie vor jeder größeren Veränderung, ob Sie nicht den Vermieter oder Hauseigentümer beziehungsweise die Wohnungsgenossenschaft fragen müssen. Dies gilt im Besonderen für bauliche Veränderungen, z. B. das Anbringen von großen Blumenkästen, Balkonverkleidungen und Rankgitter. Gute Nachbarschaft ist wichtiger als der blühende Balkon, das sollten Sie immer bedenken. Besprechen Sie vor dem Kauf mit den Nachbarn die Pläne, denn wer informiert wurde, fühlt sich eingebunden und bringt später auch Verständnis auf, wenn einmal Gießwasser tropft oder trockene Blüten herabfallen.

Der richtige Topf

Pflanzgefäße gibt es in vielerlei Arten und Formen. Egal für welches Material man sich entscheidet, maßgeblich für das gute Gedeihen ist die Größe und Stabilität der Töpfe.

Material: Ton

Tontöpfe haben eine große Standfestigkeit – wirft sie ein kräftiger Windstoß allerdings um, dann zerbrechen sie auch leicht. Dafür fühlen sich Pflanzen in ihnen besonders wohl, denn die Töpfe sind atmungsaktiv, und die Wurzeln können nicht so leicht verfaulen.

Sicher ist sicher

- Blumenkästen sollten entweder immer an der Innenseite des Balkongeländers angebracht oder aber durch sturmsichere Konstruktionen vor dem Absturz bewahrt werden.
- Beachten Sie die Tragfähigkeit eines Balkons oder einer Terrasse. Eine Belastung von mehr als 250 Kilogramm pro Quadratmeter sollte niemals überschritten werden. Dies passiert sehr rasch beim Aufstellen von Wasserfässern oder großen Betontrögen für Bäume und Sträucher. Ziehen Sie vorsichtshalber einen Statiker hinzu.
- Vermeiden Sie, dass Gießwasser an der Fassade hinunterläuft, auf den Balkon des unteren Mieters gelangt oder auf Gehsteige tropft. Besonders bei Dauerbepflanzungen könnte das im Winter sogar zu gefährlicher Glatteisbildung führen.

Das natürliche Material Ton nimmt allerdings viel Wasser auf, und das hat zur Folge, dass die Erde sehr rasch austrocknet. Häufiges Gießen ist im Sommer meist vorprogrammiert. Durch die Verdunstung ist die Außenseite auch immer etwas kühler als die Umgebung, und das kann bei empfindlichen Pflanzen sogar zu Wachstumsstörungen führen. Vor dem ersten Gebrauch wässern Sie die Töpfe am besten erst einmal, damit sich der Ton vollsaugen kann.

Ein weiterer Nachteil sind die Kalkausblühungen und die bei vielen Tontöpfen nicht vorhandene Frostbeständigkeit. Eine Garantie für lange Haltbarkeit gibt es nicht, allerdings ist Ton ohne Beimischungen und hochwertig verarbeitet eine gute Voraussetzung für die Langlebigkeit der Gefäße.

Material: Kunststoff

Leicht und preiswert – damit lassen sich Kunststofftöpfe am besten umschreiben. Doch auch bei diesem Material gibt es preisliche und qualitative Unterschiede. Billiger Kunststoff ist meist nicht UV-beständig, das heißt, die Töpfe werden unter Einwirkung des Sonnenlichts spröde und zersplittern nach einiger Zeit.

In Kunststofftöpfen bleibt die Erde länger feucht, und das ist ein klarer Vorteil gegenüber anderen Materialien. Mittlerweile gibt es außerdem zahlreiche Gefäße, die mit Wasserspeichern ausgestattet sind. Das erlaubt problemlos einige Tage „Urlaub vom Balkongarten".

Töpfe aus Kunststoff erwärmen sich im Hochsommer bei direkter Sonneneinstrahlung allerdings sehr stark, Übertöpfe aus Keramik bieten während dieser Phasen Abhilfe.

Material: Holz

Alle Holzgefäße haben dieselben Vorteile: Sie verhindern ein zu rasches Austrocknen der Erde, sind bei Weitem nicht so schwer wie Tontöpfe und praktisch unzerbrechlich. Allerdings verwittert der Naturstoff Holz relativ rasch. Abhilfe schaffen Gefäße aus Lärchen- oder Eichenholz, die eine deutlich längere Lebensdauer haben.

Material: Beton, Faserzement, Stein

Betongefäße sind in Mode gekommen, und sie sind langlebiger als andere Pflanzgefäße. Das gilt auch für Faserzement und Steintröge – allesamt sind sie sehr schwer und deshalb gut für dauerhafte Lösungen auf Balkon und

Garteln im Miniformat.

Schlichte Steintöpfe setzen zarte Pflanzen in Szene.

Terrasse geeignet, also z. B. für Dauerbepflanzungen mit Bäumen und Sträuchern. Selbst „Riesen" sind in luftiger Höhe in solchen Gefäßen sehr standsicher.

Material: Keramik

Das Schöne an Keramiktöpfen: Es gibt sie in vielen Farben und Formen, sie bringen also bunte Vielfalt auf Balkon und Terrasse. Allerdings halten die glasierten Gefäße sehr tiefen Temperaturen nicht stand. Sie können im Frühjahr, Sommer und Herbst aber gut als Übertöpfe verwendet werden.

Gute Erde

Es ist nicht ganz leicht, den Überblick zu bewahren, wenn man sich als Hobbygärtner in ein Geschäft begibt und Erde für seine grüne Oase auf der Terrasse oder dem Balkon kaufen will.

„Garantiert ohne Torf", „mit Ton", „Komposterde", „reiner Rindenhumus". So und anders lauten die Aufschriften auf den Säcken mit den Erden – die Verwirrung ist damit perfekt. Es gibt einige Faustregeln dafür, welche Erde für welche Pflanzen verwendet werden soll. Standardmischungen eignen sich für fast alle Kulturen auf dem Balkon, die alljährlich erneuert werden.

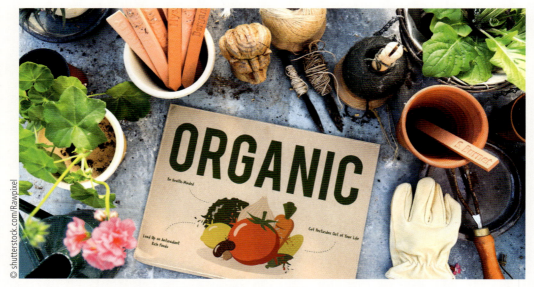

Alles selbst gezogen ohne Schadstoffe – das ist ein gutes Gefühl.

Kaufen Sie nicht das billigste Produkt. Sehr häufig wachsen die Pflanzen darin nur mäßig, weil diese Erde zu viel Torf oder billigen und minderwertigen Kompost enthält. Qualitätserde spart Ärger und Mühe – auch was die Bekämpfung von Krankheiten und Schädlingen betrifft.

Es gibt für die Containerkultur und zur Anzucht von Jungpflanzen Spezialprodukte, z. B. Geranienerde, Balkonerde, Anzuchterde, Zitruspflanzenerde, die empfehlenswert sind. Aus ökologischen Gründen sollten Sie beim Kauf von Blumenerde aber unbedingt auf torffreie Produkte achten!

Bäume und Sträucher benötigen außerdem eine Mischung aus herkömmlicher Gartenerde und gesiebtem Kompost sowie etwas Sand, damit eine gute Wasserführung gewährleistet ist. Spezialsubstrate, wie Dachgartenerden, eignen sich dafür ebenfalls – sie sind so gemischt, dass sie alle wichtigen Bestandteile wie Lehm, Sand und Kompost bereits enthalten. Als empfehlenswerter Langzeitdünger können Hornspäne untergemischt werden.

Pflanzen und Säen

Die Pflanzsaison beginnt für die meisten Blumen- und Gemüsearten Anfang bis Mitte Mai. Steht

Mein Tipp

Besonders feine schwarze Erde – von vielen Laien als die „schönste Erde" eingestuft – ist eine der schlechtesten für die Pflanzen. Zu feine Bestandteile neigen nämlich zum Verschlämmen. Die Pflanzen benötigen aber auch im Wurzelraum Luft. Daher eher grobfasrige Erde wählen – die ist besser geeignet.

eine Frostnacht bevor, legen Sie als Schutz Gartenvlies über die Pflanzen oder machen es wie erfahrene Gärtner: Sie überbrausen vor kalten Nächten die Pflanzen, denn der Wasserfilm schützt vor Frost. Manche geben in dieses Wasser Baldrianextrakt, das soll noch wirksamer sein.

Bäume, Sträucher oder auch Obstgehölze und Gemüsepflanzen werden im Topf nicht anders gepflanzt als im Garten, die Erde muss aber trotzdem den speziellen Bedürfnissen angepasst werden. Auf den Grund des Gefäßes kommt eine Dränageschicht aus Tonscherben, Ziegelsplitt, grobem Schotter oder Blähton. Ein darübergelegtes Vlies schützt diese Schicht vor Verschlämmung. Als Pflanzsubstrat für größere Gefäße eignen sich Dachsubstrate besser als normale Gartenerde. Sie sind strukturstabil, die Erde bleibt locker und gut durchwurzelbar, ohne zusammenzusacken.

Die „goldene" Regel

Pflanzen Sie alle Blumen genau so tief, wie sie im ursprünglichen Topf gewesen sind.

Hängende Pflanzen, wie Gauchheil, Hornklee oder verschiedene Minzen, sollten an den vorderen Rand des Kistchens gesetzt werden, und zwar ein wenig schräg, sodass die Pflanzen leichter nach unten wachsen können.

Das Um- und Einpflanzen bringt für alle Pflanzen einen Schock mit sich, daher sollten sie in den ersten Tagen auch besonders sorgfältig gepflegt werden. Nach einem ersten Angießen kommen die fertig bepflanzten Kästen nicht sofort in die pralle Sonne. Ein Plätzchen im Halb- schatten ist für zwei, drei Tage ideal. Gießen Sie in dieser Zeit nur mäßig. Noch vorsichtiger umgehen muss man mit jenen Balkonpflanzen, die aus dem Winterquartier geholt werden. Sie sind sehr geschwächt und vertragen ein, zwei Wochen lang überhaupt keine Sonne.

Die Pflanzen sollten auch nicht sofort umgesetzt werden. Schneiden Sie sie zunächst zurück und warten Sie, bis sich einige junge Blätter zeigen. Erst dann kommen die Pflanzen wieder in frische Erde. Besonders Fuchsien können auf einen Rückschnitt und gleichzeitiges Umtopfen mit dem völligen Absterben reagieren.

Pflanzen selbst ziehen

Balkonpflanzen aus Samen selbst ziehen, das macht sehr viel Freude und es gibt verschiedene, ganz unkomplizierte Pflanzen, bei denen die Anzucht sehr gut gelingt, dazu gehören Sonnenblume, Ringelblume, Petersilie, Kürbis, Gurke, Tomate. Außerdem gibt es verschiedene Kräuter und Wildblumenmischungen, die schnell wachsen und gedeihen. Noch leichter geht es bei Dahlien und Begonien, deren Knollen zu Beginn des Frühjahrs in frostfreien Räumen vorgezogen werden. Verwenden Sie bei der Aussaat eine keimfreie und nährstoffarme Anzuchterde.

Mein Tipp

Wer große Umpflanzaktionen scheut, kann sich einige Jahre so behelfen: Mit einem Werkzeug vorsichtig die oberste Erdschicht im Blumentopf entfernen und mit einem Gemisch aus Blumenerde und Langzeitdünger auffüllen. Wer Kompost zur Verfügung hat, sollte ihn unbedingt untermischen.

Pflanzen brauchen die richtige Erde und Nährstoffe zum Wachsen.

Nährstoffe zum Wachsen und Gedeihen

Das A und O für ein gutes Gedeihen der Pflanzen ist eine gleichmäßige Nährstoffversorgung. In der Natur holen sich die Wurzeln, was sie brauchen – teilweise aus großer Tiefe. Im Balkonkasten, im Topf oder in einer Schale ist das anders. Hier muss die Nährstoffversorgung auf kleinstem Raum perfekt funktionieren, sonst wird die Pflanze krankheitsanfällig und kümmert.

Nicht nur im Garten, sondern auch auf Balkon und Terrasse sollten Sie organische Dünger bevorzugen. Sie sind pflanzlichen oder tierischen Ursprungs und entfalten ihre Wirkung langfristig, da die Nährstoffe den Pflanzen nicht direkt zur Verfügung gestellt werden. Meist wandeln erst die Mikroorganismen die organischen Düngesubstanzen (z. B. Hornspäne) in Stoffe um, die die Pflanzenwurzeln aufnehmen können. Biodünger wie Kompost haben zusätzlich noch eine positive Wirkung auf das Bodenleben und die Bodenstruktur.

Mineraldünger (ob flüssig oder in anderer Form) ist dagegen sofort verfügbar. Daher wirkt er rasch und ist schnell wieder ausgeschwemmt. Bei zu hohen Düngegaben kann es zu Schäden durch Überdüngung kommen.

So wird's gemacht

Das richtige Düngen beginnt schon beim Einpflanzen. In die Pflanzerde sollte immer Langzeitdünger gemischt werden. Besonders gut bewährt haben sich für alle Gemüsepflanzen und Kräuter Hornspäne. Sie geben über drei bis vier Monate konstant Nährstoffe an die Pflanzenwurzeln ab, ohne dass die Gefahr einer Überdüngung besteht. Verschiedene Zierpflanzen und stark zehrende Gemüse- und Obstarten benötigen darüber hinaus nochmals eine Düngergabe, das ist aber individuell verschieden.

Es ist durchaus möglich, auch auf Balkon und Terrasse zu kompostieren oder die Pflanzen mithilfe organischer Abfälle aus dem Haushalt mit Nährstoffen zu versorgen, was weiter unten näher beschrieben wird. Wenn dazu Zeit und Muße fehlen, können Sie auf organische Handelsdünger zugreifen, die meist aus verschiedenen Basisdüngern bestehen und so als Mehrnährstoffdünger wirken. Hornspäne punkten durch ihren hohen Gehalt an Stickstoff, Guano enthält Stickstoff, Kalium und Phosphat, Vinasse hat außerdem noch Magnesiumoxid zu bieten.

Spezialdünger Pflanzenkali

Eine ganz spezielle Eigenschaft in der Palette der Düngesubstanzen hat Kali: Es fördert den Abschluss des Wachstums, das Ausbilden von Blüten im nächsten Jahr und das Ausreifen der Triebe. Besonders bei jenen Pflanzen, die im Freien überwintern, ist deshalb eine solche Kalidüngung ab etwa Mitte August von großem Vorteil. Kalidünger erkennt man leicht. Bei allen Düngemitteln müssen nämlich immer die Nährstoffverhältnisse angegeben werden. 6-4-5 ist beispielsweise dann auf einer Packung zu lesen. Die erste Ziffer ist der Anteil an Stickstoff – er ist für das Wachstum zuständig. Die zweite Ziffer zeigt Phosphor an – er sorgt für die Blüten. Und die dritte Ziffer ist das Verhältnis, in dem Kali in diesem Produkt vorkommt. Ideale sogenannte Überwinterungsdünger haben beispielsweise ein Verhältnis von 6-5-15. Im Sinne des naturnahen Gärtnerns sind auch hier organische Dünger zu bevorzugen. (Nähere Informationen erhalten Sie beim Gartentelefon von „Natur im Garten".) Bis etwa Mitte September kann so ein kalibetonter Dünger gegeben werden. Dann muss man das Düngen generell einstellen.

Wer der Umwelt zuliebe auf einen Überwinterungsdünger verzichtet, sollte alle Pflanzen, die überwintert werden (Kübelpflanzen oder auch Obstbäume), ab Mitte August nicht mehr düngen. Die Pflanzen würden mit zu viel Schwung in den Winter gehen und entweder abfrieren oder im Überwinterungsquartier krank und schädlingsanfällig werden.

Spezialdünger

Nur wenige Pflanzen benötigen Spezialdünger. Auf dem Balkon und der Terrasse sind das z. B. die Orangen- und Zitronenbäumchen, Rhododendren oder auch Kamelien. Sie alle sind kalkfliehend, mögen also keine kalkhaltige Erde, und sie benötigen relativ viel Eisen als Spurenelement, sonst färben sich die Blätter gelb.

Ähnliches gilt auch für die japanischen Petunien (Surfinien). Auch sie zeigen bei kalkhaltigem Gießwasser rasch gelbe Blätter und beginnen zu kümmern. Hier ist es besonders ratsam, mit Regenwasser zu gießen. Spezielle Dünger für Surfinien und Zitruspflanzen sind auch in organischer Form erhältlich.

Wurmkompost - lebendige Erde.

Nährstoffe für Pflanzen aus dem Haushalt

Organische Abfälle fallen im Haushalt eigentlich immer an: Tee- und Kaffeereste, abgeschnittene Fingernägel, Gemüsewasser und vieles mehr. In kleinen Mengen können die Pflanzen das gut verwerten, wenn die Materialien in die Erde eingearbeitet werden. Das gilt übrigens auch für Algen aus dem Aquarium, die positiv auf die Bodenstruktur wirken, für Vogel- und Meerschweinchenmist.

Die Wurmkiste auf dem Balkon – Kompost selbst erzeugen

Für eine Wurmkiste oder eine Wurmbox, die von verschiedenen Herstellern angeboten werden (z. B. von Vermigrand, www.vermigrand.com) oder auch selbst gezimmert werden können, brauchen Sie keinen großen Garten – eine kleine Ecke auf Balkon und Terrasse reicht aus, um selbst besten biologisch-organischen Dünger herzustellen.

Soll die Kiste selbst gezimmert werden, benötigen Sie eine unbehandelte Holzkiste (Grundplatte mit 40–60 Zentimeter Seitenlänge mit kleinen Löchern im Boden, 30 Zentimeter hohe Seitenwände). In die Kiste – egal ob selbst gebaut oder vom Fachhandel – kommt zuerst Gartenerde, feuchtes Zeitungspapier, Pappe, Kaffeesatz, Obst- und Gemüsereste, wobei der Behälter nur zur Hälfte befüllt werden darf. Das Wichtigste sind die Kompostwürmer (*Eisenia foetida*), etwa 500 davon können eine Kiste zu Anfang bewohnen. Täglich können Sie nun rund 200 Gramm organische Abfälle, z. B. Möhren-, Apfel- und Kartoffelschalen, zerkleinert in die Kiste geben. Halten Sie das Material immer gleichmäßig feucht (aber nicht zu nass), dann wird der Kompost in drei Monaten fertig sein. Vor der Verwendung müssen die Würmer die Erde verlassen, und damit das geschieht, wird der Kompost in eine Ecke der Box geschoben, in die andere Ecke kommt neues Material wie oben beschrieben. Die fleißigen Tiere werden sich schnell daranmachen, um die nächste Humusladung bereitzustellen. Warten Sie am besten nochmals einen Monat, denn die Würmer haben im „alten" Kompost Eier gelegt und die Jungtiere schlüpfen während dieser Zeit noch. Dann ist es aber so weit: Der Kompost wird gesiebt und kann in den Töpfen, Kübeln und Kistchen auf Balkon und Terrasse ausgebracht werden.

Wurmkompost hat einen sehr hohen Nährstoffgehalt und versorgt die Pflanzen optimal. Überdüngen können Sie dabei die Gewächse nicht, denn die Nährstoffe werden langsam abgegeben. Darüber hinaus fördern aber noch verschiedene andere Inhaltsstoffe des Komposts das Wurzelwachstum und die Gesundheit der Pflanzen. Und keine Angst: Bei der Herstellung entstehen keine unangenehmen Gerüche!

Mein Tipp

Damit Kompostwürmer die Arbeit zügig erledigen, sollten Sie die organischen Abfälle zerkleinern. Durch diese Maßnahme vergrößern Sie die Fläche, auf der sich Bakterien vermehren und das Futter für die Regenwürmer schon vorverdauen.

Fermentiertes aus dem Bokashi-Eimer

Haben Sie schon von Bokashi gehört? Der Begriff kommt aus dem Japanischen und bedeutet „fermentiertes organisches Material". In einem speziellen Eimer werden unter Luftabschluss und mithilfe zugesetzter Effektiver Mikroorganismen Küchenabfälle fermentiert, also umgewandelt. Das Endprodukt soll noch wertvoller als Kompost sein.

Ohne Wasser kein Pflanzenwachstum.

Lebensnotwendig: Wasser

Ein heißer Sommer wird nicht nur wegen der Hitze viele Balkongärtner ins Schwitzen bringen, auch das Gießen kann zur Schwerarbeit werden. Denn alle Pflanzen, die auf Balkon und Terrasse wachsen, brauchen ständig Wasser. Sie müssen mit sehr wenig Erde auskommen und haben daher kaum eine Speichermöglichkeit für das kostbare Nass. Oft ist es daher notwendig, nicht nur einmal am Tag, sondern sogar morgens und am Abend zu gießen.

Regenwasser ist auch für Balkonpflanzen das Beste. Vielleicht besteht bei Ihrem Balkon oder Ihrer Terrasse die Möglichkeit, eine Dachrinne „anzuzapfen" und dieses „weiche" Wasser in einem Fass zu sammeln. Setzen Sie sich aber, wenn Sie nicht Eigentümer des Hauses sind, mit der Hausverwaltung in Verbindung und beachten Sie die Belastbarkeit des Balkons. Fachleute werden Ihnen auch eine geeignete automatische Regenklappe einbauen, die später einmal ein Überlaufen des Fasses verhindert.

Wenn keine Möglichkeit für einen Regenwasserspeicher besteht, dann sollte dennoch ein Fass oder ein größerer Kübel aufgestellt und darin normales Leitungswasser gesammelt und für einige Tage erwärmt werden. Abgestandenes und weniger kalkreiches Wasser wird von fast allen Pflanzen bevorzugt.

Der beste Zeitpunkt

Der beste Zeitpunkt zum Gießen ist der Vormittag, denn die tagsüber steigende Temperatur verursacht an den Blättern eine stärkere Verdunstung von Wasser. Dieses notwendige Wasser müssen sich die Pflanzen aus der Erde holen – wird vormittags gegossen, steht es auch rechtzeitig zur Verfügung. Muss trotzdem einmal abends gegossen werden, sollten dabei auf keinen Fall die Blätter benetzt werden, da sonst die Gefahr von Pilzerkrankungen besteht.

Automatische Bewässerung

Automatische Bewässerungssysteme funktionieren mit einem Direktanschluss an die Wasserleitung und einer Druckreduzierung. Über Tropfer wird dann das Wasser direkt zu den Wurzeln geleitet. Auch Tonkegel, die langsam, aber konstant das Wasser abgeben und über höher aufgestellte Kübel mit Wasser versorgt werden, eignen sich als automatische Bewässerung.

Sehr einfach in der Konstruktion sind auch Blumenkästen mit Wasserspeicher. Bei diesen sollte man aber in den ersten Wochen nach dem Bepflanzen (besonders bei regnerischem Wetter) vorsichtig sein, da es leicht zu Fäulnis an den Wurzeln kommen kann.

Die neuesten Bewässerungsanlagen sind dank Mikroelektronik nicht nur zeitlich zu steuern, sondern auch mit einem Feuchtigkeitsfühler ausgerüstet. Je nach Feuchtigkeitsgrad wird dann der Wasserfluss aktiviert. Die Tropfer selbst werden von einer Hauptleitung versorgt und – je nach Wasserbedarf der Pflanze – mit einer größeren oder kleineren Durchflussöffnung versehen.

Regenwasser ist sicherlich das beste Gießwasser; allerdings ist der Zufluss in automatischen Bewässerungen so langsam, dass sich auch das Leitungswasser ausreichend erwärmt und so der gefürchtete Kälteschock ausbleibt.

> **Mein Tipp**
>
> Kleinere Topf- und Ampelpflanzen auf dem Balkon können am einfachsten durchdringend gewässert werden, indem man sie in einen Eimer Wasser taucht. Und zwar so lange, bis keine Luftblasen mehr aufsteigen. Das spart Zeit, und herkömmliches Gießen würde nichts bringen, da ein ausgetrockneter Erdballen nur sehr schwer Wasser aufnimmt.

Blüten und Blätter

Strahlendes Gelb, intensives Rot oder eine bunte Mischung – wie sieht Ihr Traumbalkon aus? Die Pflanzenauswahl ist schier unerschöpflich und bietet für jeden Geschmack etwas. Um gut zu gedeihen, sollten die Pflanzen im Balkonkasten in ihren Ansprüchen aber zusammenpassen, denn da wollen die einen schattige Plätze, die anderen hingegen volle Sonne; die einen mögen Nässe nicht, die anderen aber müssen intensiv gegossen werden.

Soll die Bepflanzung Ton-in-Ton gesaltet werden, bunt gemischt oder wild wie die Natur sein? Wollen Sie im Frühjahr schon Blüten? Nein, der Herbst ist Ihre Zeit!

Das Fantastische an der Natur ist, dass sie für jeden Geschmack etwas bietet. Alle Farben dieser Welt können in Ihrer grünen Oase auf dem Balkon zusammengeführt werden. Alles ist erlaubt und nichts verboten, solange die Ansprüche der Pflanzen immer berücksichtigt werden.

Welche Farbe passt nun auf meinen Balkon?

Über Geschmack lässt sich nicht streiten, heißt es treffend. Daher gilt für mich: Erlaubt ist, was gefällt. Ihnen muss der Balkon, die Terrasse, der Fensterschmuck gefallen – niemandem sonst. Freilich sollten Sie aber doch beachten, wie die Fassadenfarbe des Hauses oder die Farbe des Balkongeländers zu den Blüten passt.

Besonders wichtig ist das dann, wenn „Ton in Ton" gepflanzt wird. Toll sieht es aus, wenn beispielsweise die Farbe der Polsterung der Sitzgarnitur und des Sonnenschirms mit den Blüten harmoniert. Aber: Lassen Sie sich nicht zu sehr einschränken. Sind Sie Anfänger, dann wählen Sie doch bunte Kästen und Ampeln – Sie werden im Laufe der Jahre entdecken, welche Farbe zu Ihnen und Ihrem Paradies passt. Und so kann das Malen mit Blüten und Blättern beginnen. Greifen Sie in den Farbtopf der Natur, den die Gärtner bereitstellen. Achten Sie nur auf den richtigen Standort: Ob Schatten oder Wind – für beide Extreme gibt es Vorschläge. Damit das Blütenjahr nie endet, finden Sie auch Ideen für Herbst, Winter und das Frühjahr.

Sie werden sehen, kein Balkon ist zu klein und keine Fensterbank zu schmal, als dass nicht doch ein wenig Grün darauf Platz fände. Ihr eigenes Reich „Balkonien" wird so zum ganz persönlichen Staatsgebiet – zur Erholungsinsel für Ihre Seele. Das sollte der einzige Grund sein, warum wir unsere Umgebung mit Blumen schmücken.

Leuchtendes Gelb

Gelb ist der Inbegriff von Leuchtkraft. Keine andere Farbe ist so weit sichtbar wie diese, und so sind gelb blühende Pflanzen immer gefragt. Besonders in einem verregneten Sommer strahlt ein gelber Blütenreigen mit großer Farbkraft und die Bepflanzung ist weithin sichtbar. Gelb gehört zu den „warmen" Farben – es heißt, dass es Dynamik vermittelt und Aufmerksamkeit schafft.

> **Mein Tipp**
>
> Hat ein Sommergewitter die Pflanzen zerzaust, dann nicht verzagen: Alle geknickten Zweige abschneiden und abgebrochene Blätter und Blüten aus dem Kasten entfernen. So ist die Gefahr von Krankheiten gebannt und die Pflanzen treiben rasch durch.

Garten-Strohblume
(Helichrysum bracteatum 'Golden Beauty'*)*
Blütezeit: Mai bis Oktober.
Standort: sonnig.
Überwinterung: nicht möglich.
Wuchshöhe: bis zu 30 Zentimeter.
Die gute alte Strohblume strahlt heute in neuem Blütenglanz. War sie früher eine etwas altmodische Bauerngartenpflanze, so sind die neuen Strohblumen – Sorten 'Sundaze' und 'Chico' – Dauerblüher. Sie wachsen buschig und kompakt und machen jedem Beet und Balkonkasten Ehre. Es treten kaum Schädlinge auf, die gefährlich werden können.

Oregano
(Origanum vulgare 'Aureum'*)*
Blütezeit: unbedeutend, Blattschmuck.
Standort: sonnig, verträgt kurzzeitig Trockenheit.
Überwinterung: nur im Garten ausgepflanzt möglich.
Wuchshöhe: dichte Polster bis zu 30 Zentimeter.
Die leuchtend gelben Blätter bringen Farbe in jeden Balkonkasten. Schädlinge gibt es bei dieser Pflanze keine. Die hier verwendete Sorte entfaltet den typischen Oreganogeschmack nur in einem sehr geringen Ausmaß. Verwendbar ist sie, aber es gibt deutlich würzigere Sorten.

Kapkörbchen – Kapringelblume

(Osteospermum ecklonis 'Lemon Symphony'*)*
Blütezeit: Mai bis Oktober.
Standort: sonnig – bei extremer Hitze lässt die Blüte nach.
Überwinterung: nicht sinnvoll.
Wuchshöhe: bis zu 30 Zentimeter.

Die neuesten Züchtungen des Kapkörbchens blühen unermüdlich. Regelmäßiges Ausputzen von Verblühtem fördert die Nachblüte, ist aber nicht unbedingt notwendig. Wichtig ist der sonnige, luftige Standort, da sich die Blüten nur bei voller Sonne öffnen. Die margeritenähnlichen Blüten gibt es in Gelb ('Lemon Symphony'), Zartgelb, Orange, Vanille- und Pfirsichfarben. Die neuen Kapringelblumen wachsen sehr kompakt und breiten sich teppichartig aus. An windigen Standorten ist die Pflanze ideal. Sie sollte im Kasten oder Kübel aber nicht zu dicht stehen – das kann zur Ausbreitung von Pilzkrankheiten führen.

Husarenknöpfchen

(Sanvitalia procumbens 'Aztekengold'*)*
Blütezeit: Mai/Juni bis Oktober.
Standort: sonnig – bei großer Hitze welkt das Laub.
Überwinterung: nicht möglich.
Wuchshöhe: 15 Zentimeter, hängt aber bis zu 80 Zentimeter nach unten.

Das Husarenknöpfchen beginnt etwas zögerlich zu wachsen, wird dann aber rasch zur blühenden Schönheit.
Während langer Hitzeperioden können die Blätter trotz regelmäßiger Bewässerung zu welken beginnen. Lassen Sie die Erde daher nie austrocknen. 'Aztekengold' lässt sich nicht verdrängen und kann auch mit starkwüchsigen Partnern verwendet werden. Unverträglichkeit ist mit *Plectranthus* (Weihrauchpflanze, Mottenkönig) möglich. An Schädlingen sind im Allgemeinen nur Blattläuse und Weiße Fliege möglich, aber meist kein Problem.

Goldmarie – Gold-Zweizahn
(Bidens ferulifolia 'Mega Sun'*)*
Blütezeit: Mai bis Oktober.
Standort: sonnig.
Überwinterung: möglich, aber nicht sinnvoll.
Wuchshöhe: bis zu 80 Zentimeter lange Triebe.
Die wuchsfreudige Goldmarie stammt aus Mittelamerika und gilt dort als Unkraut in Mais-, Soja- und Getreidekulturen. Wir schätzen sie als raschwüchsige Beet- und Balkonpflanze. Damit die Pflanze wachsen kann, wie sie will, benötigt sie reichlich Sonne, Wasser und organischen Flüssigdünger. Schädlinge wie Weiße Fliege, Minierfliege und Thripse können auftreten, ohne aber großen Schaden anzurichten.

Ganz in Weiß

Der Blumenschmuck „Ganz in Weiß" erinnert an griechische Ferienstimmung. Beachten sollte man nur, dass manche Blüten in dieser Farbe sehr regenempfindlich sind. Daher sind überdachte Plätze ideal.

Pelargonie aufrecht wachsend
(Pelargonium (Zonale Grp.) 'Bianca'*)*
Blütezeit: Mai bis Oktober.
Standort: sonnig oder leicht schattig.
Überwinterung: möglich – kühler, heller und trockener Standort.
Wuchshöhe: ca. 40 Zentimeter.
Pelargonien benötigen humusreiche, nicht staunasse Blumenerde. Wer reichlich gießt und nach einer organischen Grunddüngung mindestens wöchentlich mit organischem Flüssigdünger düngt, hat an diesen Pflanzen lange Freude. Geranien „putzen" sich nicht selbst – Abgeblühtes sollte ausgebrochen werden. An Schädlingen treten Blattläuse, Spinnmilben und Weiße Fliegen auf. Gefährlich ist aber nur die Pelargonienwelke: Befallene Pflanzen (viele gelbe Blätter) sollten Sie sofort wegwerfen.

Duftsteinrich
(Lobularia maritima)
Blütezeit: Mai bis Oktober.
Standort: sonnig oder halbschattig.
Überwinterung: lohnt sich nicht.
Wuchshöhe: ca. 10 Zentimeter – bildet kleine, hängende Polster.
Der Duftsteinrich ist unter vielen Namen bekannt: Steinkraut, Alyssum und Strandsilberkraut. Letzterer Name sagt, woher diese herrlich duftende Pflanze kommt: aus den Küstengebieten. In Sizilien ist sie wild genauso zu finden wie auf den Kanaren. Empfindlich ist der Duftsteinrich gegen Austrocknen, aber auch gegen Staunässe. An Schädlingen treten äußerst selten Blattläuse und etwas häufiger die Weiße Fliege auf. Duftsteinrich kann ausgesät und selbst gezogen oder als Topfpflanze gekauft werden.

Strauchmargerite
(Agryanthemum frutescens)
Blütezeit: März bis Oktober.
Standort: sonnig.
Überwinterung: hell und kühl und eher trocken als feucht.
Wuchshöhe: bis zu 50 Zentimeter.
Wenn Margeriten zwar wunderbar blühen, dann aber plötzlich die Blätter hängen lassen, hat eine Miniermotte zugeschlagen. Neue Sorten sind robuster. Und deshalb gehört diese Pflanze zum Standardprogramm für jeden Terrassen- oder Balkongarten. Wichtig ist, dass verblühte Margeriten ständig abgezwickt werden; so wächst die Pflanze munter weiter. Die Miniermotte wird am besten bekämpft, indem man befallene Blätter entfernt.

Lakritz-Strohblume

(Helichrysum petiolare 'Silver Mini')
Blütezeit: keine – Blattstrukturpflanze.
Standort: sonnig.
Überwinterung: möglich, aber nicht sinnvoll –
wenn, dann ganz trocken und hell.
Wuchslänge: 50 – 70 Zentimeter und mehr!
Die Strohblume ist mit dem interessanten Blattwerk eine schöne Strukturpflanze und bestens für das Balkonkistchen geeignet. Die Blüten sind eher Nebensache. Wer den Langzeitdünger rund um diese Pflanze ausspart, kann hier punkten, dann kommt es nämlich nicht zu einem überlangen Wachstum, sondern zu einem kompakten Wuchs. Besonders an windanfälligen Stellen und in Blumenkörben hat sich die Lakritz-Strohblume hervorragend bewährt.

© Fotolia.com/bringolo

Mehl-Salbei

(Salvia farinacea 'Farina Silver blue')
Blütezeit: Juni bis September –
hat aber auch sehr dekorative bemehlte Blätter.
Standort: sonnig.
Überwinterung: möglich, aber nicht sinnvoll –
in milden Gegenden aber auch im Freien winterhart.
Wuchshöhe: 30 – 40 Zentimeter.
Der weiße Mehl-Salbei ist eine Art von Ziersalbei. Er wächst kompakt und aus dem herrlichen Laub steigen schlanke Blütenrispen empor. Das graugrüne Laub ist sehr dekorativ, in Kombination mit blauen Pflanzen wirkt es besonders schön. Die Pflanze ist relativ genügsam, muss nicht allzu viel gedüngt werden und darf niemals zu nass stehen.

© Floramedia

Japanische Hänge-Petunie
(Petunia 'Surfinia® White'*)*
Blütezeit: Ende April bis September. Standort: sonnig.
Überwinterung: nicht möglich.
Wuchshöhe: bis zu 80 Zentimeter lange Triebe und mehr.
Als Klassiker auf dem Balkon bestens bekannt, übertrifft manche Surfinia-Petunie die kühnsten Erwartungen – und deckt bei idealer Witterung bis Mitte Juli ein ganzes Balkongeländer zu. Wichtig bei allen Surfinien ist das Düngen. Idealerweise verwendet man spezielle Surfinien-Dünger, die auch in Form organischer Flüssigdünger im Handel erhältlich sind.

Ganz in Rot

Keine andere Farbe ist so beliebt wie diese, und so ist die Auswahl für eine solche Balkongestaltung am größten. So wie Gelb wirkt auch die „warme" Farbe Rot dynamisch, aktivierend, mitunter aber auch aggressiv und manchmal sogar bedrückend oder beengend. Eine gute Kombination ist also gefragt.

Pelargonie aufrecht wachsend
(Pelargonium [Zonale Grp.] 'Classic Diabolo'*)*
Blütezeit: Mai bis Oktober.
Standort: sonnig oder leicht schattig.
Überwinterung: möglich – kühler, heller und trockener Standort.
Wuchshöhe: ca. 30 Zentimeter.
Rote Pelargonien (Geranien) sind die Balkonblumen schlechthin. Sie brauchen zur Blütenpracht gute Blumenerde, die am besten mit einem biologischen Langzeitdünger vermischt wurde. Reichlich gießen, mindestens wöchentlich düngen und alle verblühten Triebe entfernen, das ist das Geheimnis üppiger Blüten. Aufrechte Pelargonien „reinigen" sich nicht selbst, Abgeblühtes sollte ausgebrochen werden.

Japanische Hänge-Petunie
(Petunia 'Surfinia® Baby Red with Eye'*)*
Blütezeit: Ende April bis September.
Standort: sonnig.
Überwinterung: nicht möglich.
Wuchshöhe: 50 Zentimeter lange Triebe.
'Surfinia Baby Red with Eye' wächst wunderbar kompakt. Idealerweise verwendet man einen organischen Surfinien-Dünger, denn darin ist Eisen enthalten. Bei sehr kalkhaltigem Gießwasser kann der Nährstoff von der Pflanze allerdings nicht aufgenommen werden, sodass es deshalb zu den typischen gelben Blättern kommt.

Balkon-Verbene – Eisenkraut
(Verbena 'Temari® Scarlet'*)*
Blütezeit: Ende Mai bis Oktober.
Standort: sonnig bis halbschattig.
Überwinterung: nicht sinnvoll.
Wuchshöhe: bis zu 30 Zentimeter und höher.
Eine der robusten Neuzüchtungen ist 'Temari Scarlet'. Sie punktet mit leuchtend roten Blüten und sehr guter Resistenz gegen Mehltau. Auch der Regen kann den Pflanzen kaum etwas anhaben.

Mein Tipp

Wenn mitten im Sommer plötzlich eine Pelargonie kränkelt und abstirbt, dann gibt es kaum passenden Ersatz. Stecken Sie einige Samen der Kapuzinerkresse in die Erde – sie wird die Lücke in drei bis vier Wochen (kostengünstig) füllen.

Balkon-Dahlie

(Dahlia 'Dalina® Red')
Blütezeit: Juli bis Oktober.
Standort: sonnig.
Überwinterung: möglich (siehe Tipp!).
Wuchshöhe: 25 – 30 Zentimeter.
Für den Balkon eignen sich die niedrig wachsenden Dahliensorten 'Dalina®'. Reichliches Gießen und wöchentliche organische Düngung sind für gutes Wachstum notwendig. Auch das Abschneiden von Samenständen wird empfohlen, dann ist für reichen Blütenflor gesorgt.

Zigarettenblume

(Cuphea llavea 'Tiny Winnie')
Blütezeit: Mai bis September.
Standort: sonnig.
Überwinterung: nicht möglich.
Wuchshöhe: 20 – 40 Zentimeter.
Früher war *Cuphea ignea* als Zigarettenblume bekannt, deren Blüten tatsächlich die Form einer Zigarette hatten. Die Blüten von *C. llavea* sehen dagegen aus wie Mäuse. Der Name sagt es – trotzdem kennt man sie noch als Zigarettenblume. Achten Sie darauf, dass sie im Frühjahr nicht von besonders stark wachsenden Pflanzen überwuchert wird. Später setzt sie sich aber durch.

Mein Tipp

Kaum zu glauben – innerhalb eines Sommers bilden auch die kleinen Balkon-Dahlien dicke Knollen. Ausgraben, etwas abtrocknen und an einem kühlen (!), frostfreien Ort in einem Karton (evtl. in trockenem Sand) aufbewahren. Sie werden staunen, wie üppig die Dahlien im kommenden Jahr wachsen.

Blauer Blütentraum

Blau ist sicherlich eine Farbe, die – nach Rot – in der Beliebtheitsskala ganz weit oben steht. In der Natur ist es anders, denn offenbar mögen die Bienen Blau nicht so sehr. Daher ist die Blütenfarbe Blau eher selten zu finden – aber umso begehrter bei Zierpflanzen. Neue, sehr robuste und dazu auch noch pflegeleichte Züchtungen kommen diesem Modetrend nach.

Großer Gauchheil
(Anagallis monellii 'Skylover')
Blütezeit: Mai bis Oktober.
Standort: sonnig.
Überwinterung: nicht möglich.
Wuchshöhe: bis zu 50 Zentimeter lange Triebe.
Die Sorte 'Skylover' glänzt mit üppiger Blüte und einem einzigartigen Blau. Die Triebe werden bis zu 50 Zentimeter lang, die Blüten haben oft einen Durchmesser von 2 Zentimeter. Eine robuste Pflanze, die lange blüht.

Torenie
(Torenia fournieri 'Blue Moon®')
Blütezeit: Juni bis September.
Standort: hell bis vollsonnig.
Überwinterung: nicht möglich.
Wuchshöhe: 20 – 30 Zentimeter.
Aus ihren Heimatgebieten tropische Temperaturen gewohnt, beginnt die Torenie in unserem Klima ein wenig spät zu blühen. Hat sie dann allerdings ihre Blüten geöffnet, ist sie eine unvergleichliche Balkonpflanze. Nicht zu nass halten und regelmäßig, aber nicht übermäßig düngen – das ist das Rezept für Blütenpracht.

Fächerblume

(Scaevola aemula 'Brillant')
Blütezeit: Mai bis September.
Standort: sonnig.
Überwinterung: nicht sinnvoll.
Wuchshöhe: Triebe bis zu 80 Zentimeter und länger.
Fächerblumen sind witterungsbeständig und selbstreinigend, also sehr unkompliziert in der Pflege. Sie lieben sonnige Lagen und reichlich organische Düngung, dann blühen sie üppig von Mai bis zum Frosteinbruch. Stauende Nässe vertragen Fächerblumen nicht gut.

Elfenspiegel

(Nemesia strumosa 'Blue Gem')
Blütezeit: Mai bis Oktober.
Standort: sonnig, windverträglich.
Überwinterung: nicht sinnvoll.
Wuchshöhe: bis zu 50 Zentimeter, hängt dann wunderbar über.
Der Elfenspiegel stammt aus Südafrika und liegt bei uns als Blumenampelpflanze voll im Trend, denn dabei kommt seine geschmeidige Wuchsform besonders gut zur Geltung. Ausputzen ist ratsam, aber nicht unbedingt notwendig. Die Pflanze blüht dann aber etwas weniger stark. Nicht übermäßig gießen, aber auch niemals austrocknen lassen.

Weihrauchpflanze

(Plectranthus forsteri 'Green on Green')
Blütezeit: keine – Blattstrukturpflanze.
Standort: Sonne, Halbschatten, sogar heller Schatten.
Überwinterung: möglich, aber nicht sinnvoll.
Wuchshöhe: bis zu 150 Zentimeter lange Triebe.
Die Weihrauchpflanze teilt die Balkongärtner in Freund und Feind. Ersteren imponiert die Wuchsfreudigkeit der Pflanze, Letztere lehnen ihren intensiven Geruch ab. Bis zu 150 Zentimeter hängen die Triebe nach unten, und manchmal überwuchert die Pflanze schwach wachsende Nachbarn. Aber Rückschnitt ist kein Problem. Eine verlässliche wachsende Pflanze – auch bei schlechtem Wetter.

Bunter geht's nicht

Die Welt ist nicht schwarz, sie ist auch nicht weiß – sie ist bunt! Deshalb haben Sie ruhig den Mut und greifen Sie in den Farbtopf der Natur. Die Auswahl für einen bunten Balkonkasten ist enorm. Rundherum sollte aber ein wenig farbliche Ruhe einkehren. Also nicht auch noch zu bunten Sitzpolstern greifen, sondern hier eher eine einheitliche Farbe wählen.

Wandelröschen
(Lantana camara 'Kolibri'*)*
Blütezeit: Mai bis Oktober.
Standort: sonnig.
Überwinterung: kühl (bis 10 Grad) und hell, verliert meist das gesamte Laub, daher nicht zu feucht halten.
Wuchshöhe: 50 Zentimeter als Balkonpflanze,
bis 200 Zentimeter als Kübelpflanze.
Eine Blüte – viele Farben. Orange bis gelb gefärbt ist eine einzige Blüte dieser Pflanze. 'Kolibri' wächst kompakt und ist daher ideal für den Balkonkasten. Kauft man noch nicht blühende Pflanzen, dann lohnt sich das Entspitzen, also das Abzwicken der Haupttriebe, damit sich das Wandelröschen schön buschig entwickelt. Der Pflegeaufwand ist gering.

Sommerefeu
(Mikania scandens 'Variegata'*)*
Blütezeit: keine – Blattpflanze.
Standort: sonnig bis schattig.
Überwinterung: Stecklinge lassen sich leicht in kühlen (bis 15 Grad), hellen Räumen überwintern.
Wuchshöhe: Triebe bis zu 150 Zentimeter sind keine Seltenheit!
Die schnellwüchsige Strukturpflanze ist vielseitig verwendbar, breitet sich aber gern aus, verwenden Sie deshalb nicht mehr als eine Pflanze pro Kasten. Die Wuchsform ist ideal: Sommerefeu wächst sofort nach unten, behindert also keine anderen Pflanzen. Er wächst sowohl in der Sonne als auch im Schatten, dort allerdings weniger stark.

Kartoffelblume
(Solanum jasminoides)
Blütezeit: Mai bis Oktober.
Standort: sonnig.
Überwinterung: Kühl (bis 10 Grad) und hell, nicht zu feucht halten.
Wuchshöhe: 30 – 50 Zentimeter als Balkonpflanze, 100 Zentimeter und mehr als gezogene Kübelpflanze.
Die Kartoffelblume mit ihren weißen Blütenrispen wird eigentlich noch viel zu selten verwendet, denn sie sieht im Balkonkasten sehr schön aus. Die anspruchslose Pflanze blüht einen ganzen Balkonsommer lang, wenn sie ausreichend gegossen und reichlich mit biologischem Flüssigdünger versorgt wird.

Schwarzäugige Susanne
(Thunbergia alata 'African Sunset')
Blütezeit: Mai bis Oktober.
Standort: sonnig, benötigt viel Dünger und Wasser.
Überwinterung: nicht sinnvoll.
Wuchshöhe: die Schlingpflanze durchwächst alle Balkonblumen.
Wer schon einmal eine Schwarzäugige Susanne aus Samen gezogen hat, der wird von ihrem leuchtenden Gelb mit dem schwarzen Auge begeistert gewesen sein. Die Sorte 'African Sunset' besticht durch die besonders schöne Farbe und weil sie sich als Dauerblüher bis in den Herbst bewährt hat.

Pflanzen für Schatten und Wind

Die schönsten Plätze in einem gestalteten Garten liegen – auch wenn es so mancher Newcomer nicht glaubt – im Schatten. Also gilt auch hier wieder: Mut zeigen und auch an der Nordseite oder im Schatten eines großen Hausbaums einen Blumenkasten anbringen. Er verzeiht sogar ein paar Tage Abwesenheit, denn der Wasserbedarf – selbst im Hochsommer – ist hier viel geringer als an der Sonnenseite des Hauses.

Ähnliches kann man in Bezug auf den Wind sagen: Es gibt keinen schlechten Platz für Balkonblumen, es gibt nur die falschen Pflanzen. Und bis auf ganz wenige Ausnahmen halten fast alle Pflanzen den Ansturm des Windes aus, wenn sie gut ernährt und kompakt gehalten werden. Einige besonders windtolerante Balkonblumen möchte ich Ihnen aber vorstellen.

Schöne Schattenseiten

Fuchsien können zur Sucht werden! So treffend hat es eine Fuchsien-Liebhaberin umschrieben – und Nachschub gibt es genug: Alljährlich sind zahlreiche Neuzüchtungen im Handel erhältlich. Fuchsien lieben gleichmäßige Feuchtigkeit und regelmäßige organische Düngergaben. Ein Überdüngen hat ein Nachlassen beim Blühen zur Folge. Eine Vorliebe aber haben diese Balkonblumen: Sie wollen konsequent ausgeputzt werden, denn setzen sie einmal Früchte an, hören sie sofort auf zu blühen.

Fleißiges Lieschen
(Impatiens walleriana)
Blütezeit: Mai bis Oktober.
Standort: sonnig bis halbschattig.
Überwinterung: nicht möglich.
Wuchshöhe: bis zu 30 Zentimeter.

Dass sie etwas zaghaft zu blühen beginnen, machen die Fleißigen Lieschen später mit einem wahren Blütenmeer wett. An regenreichen Standorten blühen sie nicht ganz so üppig, ein vor Regen geschützter Platz wäre deshalb ideal. Neue Sorten gedeihen auch prächtig in der Sonne. Großer Vorteil bei diesen Pflanzen: Sie „putzen" sich selbst, man muss also nichts Abgeblühtes entfernen.

Schneeflockenblume *(Sutera cordata* 'Snowflake'*)*
Blütezeit: Juni bis September.
Standort: sonnig bis halbschattig.
Überwinterung: nicht möglich.
Wuchshöhe: bis zu 30 Zentimeter.
Als Bacopa ist diese robuste und genügsame Pflanze lange Zeit im Handel gewesen – bis sie den treffenden Namen Schneeflockenblume erhielt und der Gattung Suerta zugeordnet wurde. Ein halbschattiger Platz ist ideal, sie verträgt aber auch etwas mehr Sonne. Achtung! Die Erde darf niemals austrocknen, das kann große Schäden verursachen.

Wind und Wetter

Wenn es in Ihrer Region häufiger stürmt und ab und zu kräftig regnet, dann kann als Topfpflanze vor allem das Kapkörbchen empfohlen werden, das bereits auf Seite 19 vorgestellt wurde. Sehr empfindlich bei Wind und Wetter sind bekanntlich Petunien. Wer auf die schönen Blüten nicht verzichten möchte, greift deshalb zu den robusteren Zauberglöckchen (Calibrocha).

Hänge-Pelargonie
(Pelargonium [Peltatum Grp.] 'Ville de Dresden'*)*
Blütezeit: Ende April bis September.
Standort: sonnig.
Überwinterung: möglich.
Wuchshöhe: bis zu 100 Zentimeter lange Triebe.
Die erfolgreichste Gruppe unter den Balkonpflanzen sind sicherlich die Hänge-Pelargonien. Das Geheimnis ihrer Beliebtheit: große Wuchskraft und ihre robusten Eigenschaften, unter anderem die Widerstandsfähigkeit gegen Wind und Regen. Diese Pelargonie putzt sich selbst aus. Das heißt: Die abgeblühten Blüten vertrocknen und fallen ab.

Ein wilder Kasten

Eine richtige Blumenwiese im Balkonkasten lässt sich nicht verwirklichen, aber auch im Kleinen ist eine naturnahe Bepflanzung möglich. Die schönen „Wilden" bevorzugen häufig eine nährstoffarme, sandige bis kiesige und eher trockene Erde. Wer diese Zutaten zur Erdmischung nicht zur Verfügung hat, kauft fertige Kakteenerde – die hat ähnliche Eigenschaften.

> **Mein Tipp**
>
> Das „Netzwerk Blühende Landschaft" (www.bluehende-landschaft.de) listet eine Vielzahl geeigneter Wildpflanzen auf, die sich im Topf wohlfühlen. Dazu gibt es Informationen zu Standort, Blütezeit, Wuchshöhe und mehr.

Klatsch-Mohn
(Papaver rhoeas)
Blütezeit: Mai bis September.
Standort: volle Sonne, trocken, nährstoffarm.
Überwinterung: nicht möglich, jedes Jahr aussäen.
Wuchshöhe: bis 30 Zentimeter.
So schön er am Wegrand oder auch im Garten blüht, abgepflückt hält er bloß einige Stunden – wenn man ihn überhaupt mit den Blüten nach Hause bringt. Daher ist der Mohn im Balkonkasten für alle Liebhaber ein idealer Ausgleich.

Kornblume
(Centaurea cyanus)
Blütezeit: je nach Aussaat von Juni bis Mitte September.
Standort: volle Sonne.
Überwinterung: nicht möglich, jedes Jahr aussäen.
Wuchshöhe: bis 30 Zentimeter.
Für frei hängende Blumenkästen mag die Kornblume ein wenig zu hoch sein, aber an einer Hauswand oder in einem Blumentrog vor dem Balkongeländer ist sie ideal. Auf jeden Fall bringt sie naturnahe Stimmung auf den Balkon. Für die Topfbepflanzung eignen sich verschiedene Zuchtsorten sehr gut: 'Blauer Junge' (stahlblau), 'Schneemann' (weiß), 'Roter Ball' (leuchtend rot), 'Rosa Ball' (rosa).

Großblütige Königskerze
(Verbascum densiflorum)
Blütezeit: von Juni bis September.
Standort: volle Sonne, trocken.
Überwinterung: zweijährig, am besten jedes Jahr neu setzen.
Wuchshöhe: im Kasten meist etwa 50 Zentimeter.
Auch die Königskerze ist eine überaus genügsame Pflanze. Ob Kieswege oder Schutthalden – hier fühlt sie sich wohl und entfaltet ihre ganze Größe und Pracht. Sie ist äußerst anpassungsfähig und gibt sich mit dem zufrieden, was sie vorfindet. Dementsprechend ist die Wuchshöhe sehr unterschiedlich. Je karger, desto kompakter – also wenig gießen (aber nicht vertrocknen lassen!) und niemals düngen. Besonders schön sind die Arten mit wolligen Blättern (*V. bombyciferum*).

Heide-Nelke
(Dianthus deltoides)
Blütezeit: Mai bis Juni.
Standort: Sonne, durchlässiger Boden.
Überwinterung: problemlos.
Wuchshöhe: 10 – 15 Zentimeter.
Die dicken Polster, die sich mit der Zeit bilden, sind ein wunderbarer Untergrund für die kleinen, manchmal zart duftenden Blüten. Bei der Heide-Nelke gibt es empfehlenswerte Sorten wie 'Albus', 'Vampir' und 'Brilliant'.
Je karger der Boden, desto schöner wächst sie.

Feder-Nelke
(Dianthus plumarius)
Blütezeit: den ganzen Sommer über.
Standort: volle Sonne, durchlässiger Boden.
Überwinterung: möglich.
Wuchshöhe: 20 – 30 Zentimeter.
Wer einmal den Duft der Feder-Nelke geschnuppert hat, der kommt von ihr nicht mehr los. Mit ihren zarten, geschlitzten Blütenblättern sorgt sie einen ganzen Sommer lang für Farbe und Duft. Die Blätter bilden ein blaugrünes bis blaugraues Polster. Feder-Nelken gibt es in vielen Farben. Gefüllte Sorten wie 'Roseus Plenus' sind beliebt, aber manchmal ein wenig empfindlich, was die Winterhärte betrifft.

Gemeine Nachtkerze
(Oenothera biennis)
Blütezeit: ab Juni.
Standort: volle Sonne, etwas feuchter und nahrhafter Boden.
Überwinterung: am besten jährlich Jungpflanzen setzen.
Wuchshöhe: im Kasten 30 – 60 Zentimeter.
Im Balkonkasten wird diese Pflanze für Furore bei den Nachbarn sorgen. Einerseits weil sie doch recht mächtig wirkt, andererseits aber wegen ihrer Blüten. Kaum verschwindet die Sonne am Horizont, beginnen die Knospen zu schwellen und springen in kurzer Zeit auf, und dann kommen die Nachtschwärmer, um mit ihren langen Rüsseln den Nektar zu suchen.

Rotes Seifenkraut
(Saponaria ocymoides)
Blütezeit: ab April bis Oktober.
Standort: Sonne bis Halbschatten.
Überwinterung: gut möglich mit Winterschutz.
Wuchshöhe: bis 30 Zentimeter.
Die über und über violett blühende Staude ist eine tolle Dauerbepflanzung für Balkon und Terrasse. Sie bietet Nahrung für Schmetterlinge, Hummeln und andere Insekten.

Wilder Majoran
(Origanum vulgare)
Blütezeit: ab Juli.
Standort: volle Sonne – eher trocken.
Überwinterung: problemlos.
Wuchshöhe: bis zu 20 Zentimeter mit Blüten.
Als Fan von Wildem Majoran sind Sie nicht alleine: Kaum haben sich die Blüten geöffnet, schwärmen die Insekten zu Hunderten zu den roten, rosa oder fast weißen Blüten. Als Würzkraut ist er ebenso zu verwenden wie in der Kräutermedizin. Majoran verzeiht es, wenn man ihn einmal nicht gießt – Trockenheit ist ihm lieber als Staunässe.

Kübelpflanzen

Es muss nicht immer die Reise nach Italien, Griechenland oder Spanien sein – südliche Atmosphäre lässt sich auch auf dem Balkon oder der Terrasse schaffen. Viele der typischen mediterranen Pflanzen gedeihen im Topf problemlos – und manche sind echte Faulenzerpflanzen. Allerdings mit einem Nachteil: Sie müssen alle in einem frostfreien Raum überwintert werden.

Was sind Kübelpflanzen?

Echte Kübelpflanzenfreunde verstehen darunter Gewächse, die bei uns nicht winterhart sind. Also Pflanzen, die meist in mediterranen oder subtropischen Gegenden ihre Heimat haben. Dafür sind die klassischen Kübelpflanzen aber auch Dauergäste auf Balkon und Terrasse, vorausgesetzt, der passende Überwinterungsplatz ist vorhanden.

Genauso wie bei den Balkonblumen gibt es bei den Kübelpflanzen passende Sorten für die verschiedenen Standorte, doch sind vor allem die mediterranen Gewächse an Sonne und Wärme gewöhnt. Sommerhitze tut beispielsweise Oleander, Kassie und Hibiskus gut und regt die Gehölze zur Blüte an. Pflanzen mit ledrigen Blättern wie der Lorbeer sind an starke Sonneneinstrahlung angepasst, ebenso wie Rosmarin und Olivenbaum. Sukkulenten wie die Agave sind ebenfalls Sonnenanbeter.

Die richtige Erde

Kübelpflanzen bleiben meist einige Jahre im selben Topf; daher ist auf besonders gute Erde zu achten. Neben spezieller Kübelpflanzenerde kann es auch selbst gemischte sein: ⅓ Fertigerde, ⅓ Kompost und ⅓ sandiger Mutterboden. Gleich beim Pflanzen wird das Substrat mit organischem Langzeitdünger versorgt. Um das Bodenleben zu aktivieren, kommen am besten noch Hornspäne in die Erde.

Mein Tipp

Das Umtopfen einer alten Kübelpflanze ist einfacher, als Sie denken. Die dicht durchwurzelte Pflanze aus dem Topf nehmen, mit einer alten Bogensäge den Ballen um etwa ein Drittel verkleinern und die Pflanze mit neuer Erde wieder in den Topf setzen. Gut angießen, dann aber mäßig feucht halten und erst bei beginnendem Austrieb wieder wässern.

Kübelpflanzen-Pflegeplan

Frühjahr: Viele Kübelpflanzen vertragen leichten Frost – daher werden sie bereits im April aus dem Winterquartier geholt. Allerdings nur dann, wenn der Überwinterungsraum auch wirklich kühl war. An wärmeren Plätzen sind sie verwöhnt und vertragen dann die Kälte erst einmal nicht so gut.

Das Frühjahr ist auch der ideale Zeitpunkt zum Umpflanzen. In den ersten Jahren wählt man dafür jeweils einen größeren Topf. Später wird nur der Wurzelballen verkleinert und in dieselbe Topfgröße gepflanzt.

Sommer: Ausreichendes Wässern ist die wichtigste Arbeit, je nach Pflanzenart sollte auch auf den Kalkgehalt des Wassers geachtet werden (Oleander braucht beispielsweise Kalk). Regelmäßiges und ausgiebiges Düngen sorgt für ein kräftiges Wachstum und schützt vor Vergilbung der Blätter. Auf Schädlingsbefall ist zu achten.

Herbst: Im Spätsommer wird das Düngen eingestellt. Kurz vor dem Einräumen der Pflanzen sollte das Wässern gänzlich eingestellt werden – erstens, um das Gewicht der Töpfe zu reduzieren, zweitens, um das Wachstum einzudämmen und Fäulnis an den Wurzeln zu verhindern.

Winter: Die Suche nach dem idealen Überwinterungsraum ist am schwierigsten: Wintergarten, Stiegenhaus, Keller … – oder vielleicht doch ein Gewächshaus? Ein ungeeigneter Überwinterungsraum ist meist die Ursache für ein Siechtum der Pflanzen. Optimal wäre ein sehr heller, aber auch sehr kühler Raum. Wintergärten und Glashäuser sollten mit automatischer Lüftung und Schattierung ausgestattet sein, wobei über einen Thermostat die optimale Heiztemperatur für die Pflanzen geregelt wird.

Kellerräume sind dann ideal, wenn sie wirklich kühl (8 – 10 Grad) sind – fehlendes Licht kann mit einer elektrischen Zusatzbeleuchtung ausgeglichen werden. Geeignet sind dafür die speziellen Pflanzenleuchten oder – viel billiger – Leuchtstoffröhren der Farbe „Cool White" (das ist die Standardfarbe). Bei einer Stärke von 58 Watt kann man gut einen Quadratmeter ausreichend beleuchten – bei einer Brenndauer von etwa 7 – 10 Stunden.

Das Gießen richtet sich vorwiegend nach Temperatur und Blattmasse der Pflanze sowie dem Verhältnis Topfgröße zu Wurzelmasse. Pflanzen in zu kleinen Töpfen wird man öfter gießen müssen, ebenso solche, die in wärmeren Überwinterungsräumen stehen. Ganz wichtig ist das regelmäßige Lüften der Überwinterungsräume.

Der Traum vom Süden

Augen schließen und träumen: Eine Palme, deren Blattwedel bis über das Balkongeländer reichen, ein Oleander, dessen rote Blüten noch vom Nachbarhaus zu sehen sind, und dazu der betörende Duft von Zitrusblüten. Wer eine solche mediterrane Oase sein Eigen nennt, der wird sich kaum noch am Wochenendstau beteiligen. Urlaub beginnt an der Balkon- oder Terrassentür, und der Liegestuhl ist reserviert, auch wenn nicht ab fünf Uhr früh das Handtuch draufliegt.

Kanaren-Dattelpalme
(Phoenix canariensis)
Blütezeit: nicht relevant.
Standort: vollsonnig.
Überwinterung: hell und kühl, um 10 Grad.
Wuchshöhe: je nach Topf bis zu 300 Zentimeter und mehr.
In Millionen Exemplaren werden die Phönixpalmen zum Verkauf angeboten. Sehr viele haben aber nur ein kurzes Dasein, denn ein Platz im geheizten Wohnzimmer bedeutet meist nach einigen Monaten den sicheren Tod. Im großen Topf auf der Terrasse und an einem kühlen Platz im Winter können die Dattelpalmen aber zu stattlichen Exemplaren heranwachsen.

Oleander *(Nerium oleander)*
Blütezeit: Juni bis September, Blüten in Rot, Rosa, Weiß, Gelb.
Standort: vollsonnig.
Überwinterung: kühl und hell, wenig gießen.
Wuchshöhe: bis zu 200 Zentimeter, kann aber gut geschnitten werden.
Damit ein Oleander auch wirklich zu blühen beginnt, benötigt er den heißesten Platz des Gartens und sehr viel Wasser. Allerdings kein Regenwasser – der Oleander braucht nämlich kalkhaltiges Wasser, das auch in einem Untersetzer stehen bleiben darf. Im Winterquartier muss er sehr trocken gehalten werden, sonst beginnen die Wurzeln zu faulen. Zu groß gewordene Oleander lassen sich stark zurückschneiden. Ideal ist dafür das Frühjahr, denn dann verheilen die Schnittstellen rasch. Die abgeschnittenen Äste blühen aber nicht. Wer den Rückschnitt auf zwei Jahre aufteilt und die Hälfte der alten Äste stehen lässt, hat dann sowohl Blüten als auch eine kompakte Pflanze.

Orangen-, Zitronen-, Mandarinenbäumchen
(Citrus spp.)
Blütezeit: mehrmals im Jahr, weiße Blüten.
Standort: vollsonnig.
Überwinterung: hell und kühl, wenig gießen.
Wuchshöhe: sehr abhängig von der Sorte,
ca. 100 – 200 Zentimeter.
Zitrusgewächse sind anspruchslos, wenn sie im Sommer einen sonnigen und im Winter einen hellen und kühlen Platz bekommen und ausgiebig gedüngt werden, das schützt nämlich vor Blattvergilbungen.

Schmucklilie *(Agapanthus praecox)*
Blütezeit: Juli bis August, Blüten blau oder weiß.
Standort: vollsonnig. **Überwinterung:** sehr kühl.
Wuchshöhe: etwa 200 Zentimeter.
Die Blütenpracht der Schmucklilie steht und fällt mit der Überwinterung: Die Blüten werden nämlich bereits im Winter angesetzt. Ob nun hell oder dunkel – das Wichtigste ist die niedrige Temperatur (um 8 Grad). Weil die fleischigen Wurzeln leicht faulen, wird im Winter wenig gießen. Selten umtopfen, denn die Schmucklilie liebt die Beengtheit im Topf. Bei zu großen Töpfen blüht sie wenig bis gar nicht. Im Sommer kräftig gießen und düngen!

Zylinderputzer *(Callistemon viminalis 'Captain Cook')*
Blütezeit: Mai/Juni, Blüten meist rot.
Standort: volle Sonne.
Überwinterung: kühl, hell und nicht zu nass.
Wuchshöhe: etwa 200 Zentimeter.
Der Zylinderputzer ist ein sicherer und reicher Frühjahrsblüher, der im Sommer einen sonnigen Standort benötigt. Nie austrocknen lassen, aber auch Staunässe vermeiden. Wie bei allen Pflanzen, die sauren Boden lieben, sollten auch beim Zylinderputzer Azaleen- oder Rhododendrondünger (am besten getrocknete Kuhfladen) und Regenwasser verwendet werden.

Wandelröschen
(Lantana camara)
Blütezeit: Sommer, Blüten gelb, orange, rot, weiß.
Standort: Sonne. Überwinterung: kühl, hell oder dunkel.
Wuchshöhe: etwa 150 Zentimeter.
Wandelröschen lassen sich sehr leicht zu Hochstämmchen ziehen. Im blattlosen Zustand kann man Lantanen dunkel und kühl bei 5 Grad überwintern. Im Sommer lieben sie einen sonnigen, aber keinen lufttrockenen Platz. Ist die Luftfeuchtigkeit zu gering, werden sie oft von der Weißen Fliege befallen.

Robuste Kübelpflanzen

Kübelpflanzen stehen in dem Ruf, aufwendig und pflegeintensiv zu sein. Die hier ausgewählten Pflanzen haben eines gemeinsam: Sie nehmen es hin, wenn sie einmal ein paar Tage vernachlässigt werden. Für „Wochenendflüchter" sind diese Gewächse im Topf damit ideal – denn normalerweise ertragen Balkonblumen keine Durststrecke von zwei oder drei Tagen, wenn die Sommerhitze vom Himmel brennt.

Olivenbaum, Ölbaum
(Olea europaea)
Blütezeit: Juli bis August, kleine cremeweiße Blüten.
Standort: vollsonnig.
Überwinterung: kühl, hell.
Wuchshöhe: bis zu 300 Zentimeter, je nach Topf und Schnitt.
Lehmige, durchlässige Gartenerde und ein heißer Standort, dann fühlt sich der Olivenbaum wohl. Früchte wird er in unserem Klima dennoch nicht ansetzten. Die Olive verträgt einige Minusgrade und sollte deshalb so spät wie möglich ein- und so früh wie möglich ausgeräumt werden.

Gewürzrinde
(Cassia corymbosa)
Blütezeit: Juli bis September – oft bis in den Winter, Blüten gelb.
Standort: volle Sonne. Überwinterung: kühl.
Wuchshöhe: bis zu 200 Zentimeter, gut schnittverträglich.
Die Gewürzrinde ist eine dankbare, reichblühende Pflanze, die uns, wenn sie von ihrem sonnigen Standort im Sommer rechtzeitig vor den ersten kalten Nächten im Herbst in ein helles Winterquartier gebracht wird, noch lange mit Blüten erfreuen wird. In diesem Fall sollte die Temperatur um die 15 Grad liegen. Danach kann man die Gewürzrinde bei 8 –10 Grad überwintern. Die Art kann die Blätter abwerfen.

Hanfpalme
(Trachycarpus fortunei)
Standort: Sonne bis leichter Schatten.
Überwinterung: kühl und hell.
Wuchshöhe: lässt sich nicht schneiden und wird im Topf bis zu 400 Zentimeter hoch.
Nicht jede Palmenart verträgt einen sonnigen Sommerstandort im Garten. Aus der Vielzahl von Palmen eignen sich bei uns die Hanfpalme und die Washingtonia (W. filifera). Besonders kälteresistent ist die Hanfpalme, deren Wurzeln und Vegetationsspitzen bis minus 6 Grad vertragen. Aufgrund dieser hohen Kälteresistenz wird sie auch als Letzte ins Winterquartier gebracht.

Palmlilie
(Yucca baccata)
Blütezeit: August bis September, cremeweiße große Blütenstände.
Standort: vollsonnig.
Überwinterung: hell, kühl, kaum gießen.
Wuchshöhe: etwa 300 Zentimeter, lässt sich gut schneiden.
Yucca gibt es auch als Stauden, die sogar in unserem Klima frostfest sind. Die Kübelpflanzen müssen aber den Winter über ins Haus. In der Wachstumszeit reichlich gießen und mit organischem Flüssigdünger versorgen.

Feige
(Ficus carica)
Standort: sonnig.
Überwinterung: kühl und hell, auch dunkel ist möglich.
Wuchshöhe: etwa 200 – 300 Zentimeter.
Die robuste Feige kann bei gutem Wetterschutz an einem geschützten Platz ohne Staunässe sogar ausgepflanzt werden. Im Topf gedeiht die Feige ebenfalls gut, wenn sie möglichst zeitig ausgeräumt und spät ins Winterquartier eingeräumt wird. Sie verträgt Frost bis etwa –10 Grad. Auf dem Balkon entwickelt diese Pflanze zwar meist ohnehin keine Früchte, die Voraussetzung dafür wäre aber eine selbstfruchtende Sorte.

Lorbeer
(Laurus nobilis)
Blütezeit: April bis Mai.
Standort: sonnig bis halbschattig.
Überwinterung: hell und kühl.
Wuchshöhe: ideal für den Schnitt – jede Höhe möglich.
Die Bäumchen und Sträucher lassen sich in allen möglichen Formen schneiden. Beim Rückschnitt keine Blätter beschneiden, da sonst unschöne braune Ränder entstehen. Der Lorbeer benötigt im Sommer reichlich Wasser und alle 14 Tage organischen Dünger. Er sollte nur alle vier oder fünf Jahre umgetopft werden.

Gemüse in Töpfen und Kübeln

Balkon und Terrasse sind das Schlaraffenland auf Erden. Bohnen klettern das Balkongeländer entlang und aromatische Kirschtomaten wachsen im Topf gleich neben dem Liegestuhl. Nur ernten muss man all die Köstlichkeiten noch selbst. Obst (siehe Seite 56) und Gemüse lassen sich überall ziehen, und der Lohn fürs Pflanzen, Gießen und Düngen ist köstliches und vitaminreiches Gemüse – frei von jeglichem Gift und anderer Chemie. Denn eines sollte für jeden gelten, der sich der Gartenlust in luftiger Höhe hingibt:

An meine Tomaten kommt nichts als Wasser und Natur!

Als Pflanzsubstrat eignet sich herkömmliche Blumenerde (etwa 2/3), die aber unbedingt mit Gartenerde (etwa 1/3) vermischt werden sollte. Auch Kompostzusätze (pro 40-Zentimeter-Blumentopf etwa drei Handvoll) und Hornspäne (etwa 1 Handvoll) sowie Gesteinsmehl (ca. ½ Handvoll) sollten untergemischt werden, das sorgt für eine ausgewogene Ernährung der Pflanzen im Topf. Planen Sie ausreichend große Gefäße für das Balkongemüse ein und wagen Sie auch einmal ungewöhnliche Kombinationen – Gemüse und Zierpflanzen passen nämlich prima zusammen, und warum nicht einmal Salat und Stiefmütterchen zusammen in einen Balkonkasten pflanzen?

Vom Aussäen und Pflanzen

Verschiedene Gemüse können in Töpfen oder Kästen ausgesät und von Anfang an selbst kultiviert werden, dazu zählen beispielsweise Möhren, Radieschen, Mairüben. Auch Kürbis, Zucchini, Paprika und Tomaten können Sie selbst ziehen oder aber junge Pflanzen in der Gärtnerei kaufen. Das gilt auch für Kohlarten wie Kohlrabi und Blumenkohl und verschiedene Salate. Und in Säcken oder speziellen hohen Töpfen wachsen sogar Kartoffeln auf Balkon und Terrasse.

Für die Samenanzucht gibt es eine ganze Reihe von Anzuchttöpfen, die umweltfreundlich und biologisch vertretbar sind. Sie können wiederverwendbare Aussaatschalen nehmen oder Quelltöpfchen aus Kokosfasern, in die nach dem Wässern der Samen eingelegt wird. Die Jungpflanze kann dann mitsamt dem organischen Topfmaterial in das endgültige Gefäß umgepflanzt werden.

Auch Eierkartons können zur Anzucht verwendet werden oder aber Sie formen aus altem Zeitungspapier die Töpfe gleich selbst. Mit dem sogenannten Paper-Potter geht das ganz leicht und das Papier verrottet später in der Erde.

Bohnen

Bohnen sind ein sehr „dankbares" Gemüse. Sie wachsen gut und liefern zuverlässig gute Ernten. Das ist auf Balkon und Terrasse nicht anders. Sie können auswählen zwischen Busch- und Stangenbohnen, wobei letztere, z. B. in Form von Feuerbohnen, sich auch wunderbar als Raumteiler oder Sichtschutz eignen.

Wichtig ist gerade bei Buschbohnen ein luftiger Platz, das beugt verschiedenen Pilzkrankheiten und einem Befall mit der Schwarzen Bohnenlaus vor. Also nicht zu dicht pflanzen! Außerdem soll es helfen, zwischen die Bohnen Bohnenkraut oder Lavendel zu pflanzen, und das sieht gerade in großen Kübeln sehr schön aus.

Buschbohne
(Phaseolus vulgaris 'Saxa'*)*
Aussaat: Anfang Mai bis Juli.
Ernte: nach 10 Wochen.
Standort: Sonne oder leichter Schatten.
Es gibt viele verschiedene Bohnensorten, 'Saxa' ist eine alte und reichtragende, sehr empfehlenswerte Sorte, die unempfindlich ist und früh mittellange Fisolen (Bohnen) trägt.

Feuerbohne
(Phaseolus coccineus)
Aussaat: Mai.
Ernte: nach 10 Wochen.
Standort: Sonne oder leichter Schatten.
Ein Blumenkasten, Bambusstäbe und Blumendraht genügen, und schon lässt sich daraus eine grüne Wand hochziehen. Füllen Sie den Kasten mit Erde und mischen Sie sofort Hornspäne unter. Rund um jeden Bambusstab werden 8–10 Samenkörner in die Erde gedrückt. Schon nach einigen Wochen ist die Wand völlig begrünt. Ausreichend wässern, sonst werden die Bohnen von Spinnmilben befallen.

Gurken und Zucchini

Im Garten werden Gurken und Zucchini schon lange kultiviert, aber es gibt auch einige Sorten, die sich sehr gut für den Anbau im Topf eignen. Und da vor allem Gurken mitunter recht empfindlich sind, gedeihen sie an einem geschützten, warmen und sonnigen Platz auf Balkon oder Terrasse sehr gut. Beide Arten gehören zu den Kürbisgewächsen, zum Wachsen und Fruchten benötigen Sie ausreichend Wasser, organischen Dünger und als Substrat am besten Komposterde.

Gurke
(Cucumis sativus, z. B. 'Armenian Yard', 'Ministars', 'White Dream'*)*
Auspflanzung: etwa Mitte Mai.
Ernte: ab etwa Ende Juni.
Standort: volle Sonne.
Gurken werden oft als fertige Jungpflanzen angeboten. Wer keine Mühe haben will, wählt diese Form. Aber auch die Aussaat ist bei Gurken ganz einfach und geht sehr schnell. Gurken benötigen sehr viele Nährstoffe. In den ersten Wochen werden die Hornspäne, die man in die Erde mischt, ausreichen. Später sollte man mit biologischem Flüssigdünger nachdüngen. An Krankheiten können Weiße Fliege und Spinnmilben auftreten. Letztere vor allem dann, wenn der Standort zu heiß und trocken ist.

Zucchini
(Cucurbita pepo, z. B. 'Sunburst', 'Eightball'*)*
In großen Töpfen oder Kisten gedeihen diese stark wachsenden Pflanzen. Ab Mitte April werden sie in kleinen Töpfen vorkultiviert, die Jungpflanzen kommen nach den Eisheiligen ins Freie. Achten Sie auf Schnecken und die Weiße Fliege. Geerntet werden ab Ende Juni möglichst kleine Früchte.

Kartoffelsäcke für den Balkon - genial.

Kartoffeln

Selbst gezogene Kartoffeln vom Balkon? Ja, das geht mit großen tiefen Kübeln oder speziellen Kartoffelsäcken, die es im Handel gibt. Wer einmal mit dem Kartoffelanbau begonnen hat, wird von der geschmacklichen Vielfalt begeistert sein.

Der Anbau von Kartoffeln ist gar nicht kompliziert. In einen großen Topf kommt eine etwa 10 Zentimeter hohe Schicht Erde, darauf werden je nach Topfgröße 1 – 3 Kartoffeln gelegt – in kleinere Töpfe kommt nur eine Knolle. Die Kartoffeln bedeckt man nun mit Erde und hält das Substrat feucht; nass darf es nicht sein. Schon bald werden die ersten Triebe der Pflanze aus dem Boden spitzen. Sie werden aufs Neue mit Erde bedeckt, und dieser Prozess wird so oft wiederholt, bis der Topf mit Erde fast gefüllt ist. Auf diese Weise werden sich viele Wurzeln bilden und so auch viele Knollen.

Kartoffelsorten

Die Vielzahl an Kartoffelsorten ist beinahe mit denen von Tomaten vergleichbar und vor allem alte und seltene Sorten überzeugen geschmacklich. In Gartencentern gibt es mittlerweile auch die eine oder andere besondere Kartoffelsorte, eine größere Auswahl haben Sie allerdings bei speziellen Anbietern von biologischem Saat- und Pflanzgut, z. B. „Arche Noah", „Dreschflegel", „Bioland Hof Jeebel".

Wie im Garten können Sie auch bei der Topfbepflanzung die Ernte staffeln, indem Sie eine frühe, eine mittelfrühe und eine späte Sorte pflanzen.

Frühe Sorten:
'Annabelle', 'Christa' und 'Sieglinde'
Mittelfrühe Sorten:
'Edzell Blue', 'Hansa', 'Granola'
Späte Sorten:
'Cara', 'Rekord', 'Remarka'
Besondere Sorten:
'Blaue Mauritius', 'Mehlige Mühlviertler', 'Bamberger Hörnchen'

Kartoffel
(Solanum tuberosum)
Pflanzung: ab April, sobald die Temperaturen dauerhaft über 15 Grad sind.
Ernte: sobald das Laub anfängt zu welken. Zum Pflanzen werden Pflanzkartoffeln verwendet, als Erde ist torffreies Substrat, vermischt mit Kompost oder Gartenerde, empfehlenswert. Unter optimalen Bedingungen kann die Ernte auf dem Balkon und der Terrasse sehr hoch liegen.

Kohlgemüse

Blumenkohl, Romanesco, Lerchenzungen, Kohlrabi – Kohlgemüse ist nicht nur lecker, sondern

Zum Essen fast zu schade: Palmkohl.

Empfehlenswerte Sorten

Blumenkohl
(Brassica oleracea var. botrytis)
'Erfurter Zwerg'
'Natalio'

Kohlrabi
(Brassica oleracea var. gonylodes)
'Purple Vienna'
'Early White Vienna'

auch sehr dekorativ. Der Toskanische Palmkohl etwa wird solo in einem großen Topf zum echten Hingucker. Sie können deshalb auf Balkon und Terrasse mit doppeltem Nutzen punkten. Wer verschiedene Arten im Topf kultivieren möchte, der sollte überwiegend auf balkontaugliche Sorten achten, die nicht so groß werden und weniger Blattmasse bilden.

Beim Kohlrabi ist das anders, der von Haus aus nicht sehr ausladend wächst und wenig Platz benötigt. Er kann beispielsweise auch zusammen mit Salat in einen Container gepflanzt werden. Das ist eine geschickte Kombination, denn der Salat wird früher erntereif, wird dann geschnitten und der Kohlrabi kann sich ausbreiten.

Am besten ziehen Sie die Kohlpflanzen aus Samen vor und setzen sie dann mit steigenden Temperaturen in den endgültigen Topf oder Sie kaufen Jungpflanzen und sparen sich den Zwischenschritt. Beachten müssen Sie beim Kohl außerdem, dass die meisten Arten viele Nährstoffe benötigen. Neben einer ersten Vorratsdüngung sollte nach einigen Wochen organisch nachgedüngt werden.

Flower Sprouts

Für die Topfbepflanzung eignet sich noch eine besondere Kohlart, die vor einigen Jahren in England gezüchtet wurde. Es handelt sich um eine Kreuzung aus Rosenkohl und Blattkohlen und läuft dort unter der Bezeichnung „Kale". Bei uns ist das Gemüse als „Petit Posy" erhältlich. Die Wuchsform ist ähnlich dem Rosenkohl, an einem geraden Stängel entwickeln sich in den Blattachseln kleine lockere Röschen, die sehr mild und zart schmecken.

Grünkohl ist als "Superfood" bekannt.

Mögen Sie es gerne scharf?

Paprika und Peperoni

Paprika und vor allem Peperoni (*Capsicum annuum*) bieten sich für die Kultur in Töpfen geradezu an, denn die meisten Sorten werden nicht allzu hoch. Außerdem kann der Gartenboden mitunter sehr schwer für die Kultur sein, dann bieten Töpfe mit einer nährstoffreichen, lockeren Erde die optimalen Wuchsbedingungen. Wählen Sie Töpfe mit einem Fassungsvermögen von 5 – 20 Liter, je nach Anzahl der Pflanzen und der voraussichtlichen Größenentwicklung. Schwarze oder dunkle Töpfe speichern die Wärme, die die Pflanzen so lieben.

Paprika benötigen noch mehr Nährstoffe als Tomaten, allerdings sind sie salzempfindlich und dürfen deshalb nicht zu viel Dünger auf einmal bekommen. Organische Langzeitdünger, sich langsam zersetzender Kompost und Hornspäne sind ideal. Aber auch organische Flüssigdünger können bis Juli eingesetzt werden, danach wird die Düngung stark reduziert, das fördert eine gute Fruchtentwicklung. Wichtig ist dann noch die Wasserversorgung, denn Paprika und Peperoni brauchen Feuchtigkeit – im Boden und auch in der Luft. Auf Balkon oder Terrasse sollten Sie für die Pflanzen einen windgeschützten, sonnigen bis halbschattigen Platz auswählen.

Wer die Wahl hat …

Die Art *Capsicum anuum* vereint verschiedene Paprikagruppen, wie Gemüsepaprika, Spitzpaprika, Blockpaprika, Apfelpaprika, Kirschpaprika und Kirschchili, Peperoni und Chili in unterschiedlichsten Farben und Formen. Verschiedene Sorten im Topf zu kultivieren und die geschmackliche Vielfalt zu entdecken macht viel Spaß.

Auf dem Markt gibt es jede Menge Paprikasorten, die häufig im Namen den Zusatz F1 tragen. Es handelt sich dabei um Hybridsaatgut, das zwar eine gute Ernte verspricht, jedoch ist kein Nachbau möglich, und das ist aus ökologischer Sicht nicht sinnvoll. Trotz aller Werbung fruchten auch Nicht-Hybridsorten sehr gut, und da gibt es vor allem auch bei ökologischen Saatgutanbietern eine große Auswahl.

Balkonsalate

Für Balkon und Terrasse sind Salate ideal. Sie werden nicht zu groß, brauchen also nicht so viel Platz, wachsen schnell und können gut mit Zierpflanzen und Kräutern kombiniert werden. Außerdem können Sie bei den vielen Arten und Sorten aus dem Vollen schöpfen. Pflücksalat, Romanasalat, Kopfsalat, Asiasalat, Feldsalat oder der altbekannte Spargelsalat bringen Abwechslung auf den Balkon und in die Küche.

Salate und Kräuter können kombiniert werden.

Salate können Sie in Kästen und Kübel aussäen oder gleich Pflanzen setzen, das ist ganz praktisch, wenn Sie beispielsweise Salat mit Kräutern kultivieren wollen. Sogar im Winter können Sie sich mit frischem Winterportulak versorgen.

Pflücksalate

Vom zeitigen Frühjahr bis in den Herbst hinein können Sie Pflücksalate aussäen. Praktisch sind sogenannte Saatbänder, die gewässert und in die Erde gelegt werden, denn damit entfällt das Vereinzeln der Pflanzen. Ab Februar können Sie die Salate auf der Fensterbank, ab Mai im Freien kultivieren. In einer nährstoffreichen Erde werden sich die Pflanzen gut entwickeln, zusätzliche Düngung kann dann entfallen. Am besten wird gleich in die passenden Töpfe und Kübel gesät, denn Salatpflanzen bilden lange Wurzeln, und ein Umpflanzen bedeutet für die Pflanzen sehr viel Stress, und das ist für die weitere Entwicklung ungünstig.

Empfehlenswerte Pflücksalate:
'Maikönigin', 'Grand Rapids'

Salat ganz frisch!

Tomaten lieben es sonnig und geschützt. Auf Balkon und Terrasse bekommen sie meist beides.

Paradeiser/Tomaten

Wer etwas Sorgfalt und Mühe aufwendet, kann Paradeiser *(Lycopersicum esculentum)* auch in großen Töpfen und Kübeln ziehen. Am ehesten eignen sich spezielle klein bleibende Balkontomaten und Buschtomaten, die nicht ausgegeizt werden müssen. Balkon-tomaten bleiben niedrig und brauchen nicht viel Platz, man kann sie sogar in normalen Kästen kultivieren, und neuerdings gibt es auch Tomaten für Hängeampeln, z. B. 'Tumbling Tom Red'. Aber auch Stab-Paradeiser können Sie im Topf ziehen, die bei guter Nährstoffversorgung bis zu 3 Kilogramm Früchte liefern können. Buschtomaten tragen etwa halb so viel.

Was Paradeiser brauchen

Paradeiser zählen zu den sogenannten Starkzehrern, sie müssen deshalb gut mit Nährstoffen versorgt werden. Zum Kultivieren im Topf gibt es spezielle Tomatenerde; aber auch Gartenerde, die mit Kompost angereichert wird, ist gut geeignet. Darüber hinaus sollten Sie die Pflanzen mit organischem Langzeitdünger oder Flüssigdünger nach den Packungsvorgaben versorgen.

Tomaten haben es gern schön warm und mögen eine kontinuierliche Wasserversorgung. An Blätter, Früchte und Stängel darf aber kein Wasser kommen, dann sind Pilzerkrankungen vorprogrammiert. Am besten stehen die Pflanzen also geschützt unter einem Dach.

Stab-Paradeiser und höher wachsende Buschtomaten binden Sie am besten an, vor allem, wenn die Früchte schwerer sind und es einen großen Fruchtbehang gibt.

Sortenempfehlungen

Wie heißt es so schön: Die Ersten werden die Letzten sein. Also die kleinen Paradeiserpflanzen nicht zu früh kaufen – denn Kälte wirft diese enorm wärmeliebende Pflanze gleich mehrere Tage zurück. Der einzige Schädling, der lästig werden konnte, ist die Weiße Fliege. In regenreichen Jahren kann es Probleme mit der Kraut- oder Braunfäule geben. Diese Krankheit tritt aber nur auf, wenn die Blätter nass werden. Daher niemals über die Blätter gießen. Unbedingt vor direktem Regen schützen. Paradeiser brauchen nährstoffreiche Erde (also Kompost und Hornspäne für den Start) und einen Platz, der vor Regen geschützt ist.

Besonders empfehlenswert für die Kultivierung im Topf ist die Paradeisersorte 'Balkonstar'. Die Pflanzen werden 60 cm hoch und entwickeln bis 40 g schwere rote, runde und platzfeste Früchte mit herrlichem Aroma. 'Balkonzauber' und 'Balkonwunder' werden gut meterhoch. Ausgepflanzt wird etwa Mitte Mai, ab Ende Juni können Sie bei 'Balkonstar' schon die ersten reifen Früchte ernten. Volle Sonne liebt sie genauso wie die Sorte 'Delfs Cocktail', die ab Anfang Juli mit reifen Tomaten aufwartet. Ausgeizen, also das Entfernen der Seitentriebe bei den Blattachseln, ist bei der Sorte möglich, aber nicht unbedingt nötig. Die spezielle Ampel-Paradeiser benötigt nur Wasser und biologischen Dünger. Die Ampel-Paradeiser 'Himbeerfarbige' eignet sich ebenfalls gut für die Topfbepflanzung. Sie Sorte wird etwa 50 cm hoch und soll mehrtriebig gezogen werden. Ein Ausgeizen entfällt also. Im Juli beginnt die Erntezeit.

Paradeiser wachsen gut in Hängerampeln.

Wurzelgemüse

Auch Möhren/Karotten, Mairüben, Radieschen und Zwiebeln können Sie im Kübel anbauen. Das Wurzelgemüse ist nicht anspruchsvoll.

Möhre/Karotte
(Daucus carota)

Wussten Sie, dass es Möhren nicht nur in Gelb und Orange gibt, sondern auch in Weiß, Rot und Violett? Ein geräumiger Balkonkasten oder Kübel ist ideal, um viele Sorten und Farben auszuprobieren. Mit der Aussaat früher Sorten können Sie ab März beginnen. Ideale Nachbarn für eine Mischkultur sind Zwiebeln, die Karotten auch vor der Möhrenfliege beschützen.

Mairübe
(Brassica rapa ssp. *rapa* var. *majalis)*

Setzen Sie Mairüben am besten schnell auf Ihren Speiseplan. Sie sind sehr vitaminreich und schon Goethe wusste sie zu schätzen. Im März angebaut, kann ab Mai geerntet werden. Wer im Spätsommer aussät, kann auch im Oktober noch „Herbstrüben" aus eigener Ernte genießen.

Radieschen
(Raphanus sativus)

Ideal für Ungeduldige: Ob ein alter Blumenkasten, Balkonhochbeet oder ein größerer Tontopf – überall gedeiht dieses würzige Gemüse. Achten sollten Sie auf regelmäßiges Gießen, sonst werden die Radieschen holzig. Die Ernte beginnt schon nach 3 – 4 Wochen.

Und noch mehr interessante Gemüsearten

Aubergine/Eierfrucht
(Solanum melongena)
Melanzani beziehungsweise Auberginen machen sich ausgezeichnet im Kübel und sind mit ihren dunkelvioletten, glänzenden Früchten durchaus attraktiv, und auch die gelbfruchtige Variante wird immer beliebter. Vorgezogene Pflänzchen werden ab Anfang Mai ausgepflanzt – sie sind sehr frostempfindlich und wärmebedürftig. Mehrmals düngen, gut gießen, aber darauf achten, dass keine Staunässe entsteht. Die Ernte beginnt im August. Achten Sie auf Spinnmilbe und Weiße Fliege.

Zuckermais
(Zea mays)
Süßmais schmeckt toll und kann vielseitig verwendet werden. Außerdem können die rasch wachsenden Pflanzen schnell einen Sichtschutz bieten. Die Saatkörner werden ab April in kleine Töpfe gesteckt. Jungpflanzen dann abhärten und im Mai auf etwa 20 Zentimeter Abstand auspflanzen. Sehr kräftig düngen, immer mehrere Pflanzen dicht nebeneinander aufstellen und regelmäßig gießen. Geerntet wird, sobald die Fäden an den Kolben vertrocknen.

Bäume wachsen nicht in den Himmel, manche sind aber dem Himmel ziemlich nahe – zum Beispiel die vielen Obstbäume, die auf den Terrassen der Städte gezogen werden. Dafür eignen sich Säulen-Äpfel der Sorte 'Ballerina'. Dazu Himbeeren, Brombeeren, die Vitaminbombe Heidelbeere oder Hänge-Erdbeeren – die Auswahl ist groß.

Säulen-Apfel
(Malus domestica Ballerina®*)*
Blütezeit: Anfang Mai. Ernte: August/September.
Standort: volle Sonne, leichter Schatten.
Wuchshöhe: bis zu 3 Meter – wächst aber sehr langsam. Die schlanken Apfelbäume bilden praktisch nur einen Stamm und fruchten schon im zweiten, spätestens im dritten Jahr. Säulenäpfel dürfen nicht geschnitten werden. Die 'Ballerinas' erreichen einen Durchmesser von nicht mehr als 30 Zentimeter und können im Topf etwa 2,5 Meter hoch werden. Einziges Problem könnte die Überwinterung sein: Entweder transportiert man alle Topfobstbäume in einen frostfreien, aber sehr kalten Raum (Garage, Vorhaus – es darf nicht wärmer als 2 – 3 °C sein), oder die Töpfe werden in eine Ecke der Terrasse auf dicke Schaumstoffplatten gestellt und mit Schilfmatten eingepackt. So überstehen die Bäume meist auch den strengsten Winter.

Interessantes Beerenobst in Töpfen

Monats-Erdbeere
(Fragaria vesca var. *semperflorens)*
Blütezeit: Juli bis September – oft bis in den Winter, Blüten gelb.
Blüte- und **Erntezeit:** ab Mai. **Standort:** leicht schattig.
Wuchshöhe: etwa 20 Zentimeter.
So klein diese Erdbeeren sind, so grandios ist ihr Geschmack. Gepflanzt wird im März/April. Ähnlich ihren Vorfahren, den Walderdbeeren, lieben sie humusreichen Boden, der immer leicht feucht ist. Und weil sie das ganze Jahr über blühen und fruchten, sind sie auch für regelmäßiges Düngen dankbar – am besten mit flüssigem Biodünger und Hornspänen als biologischem Langzeitdünger.

Himbeere

(Rubus [Idaeus Grp.] 'Autumn Bliss'*)*
Ernte: noch im selben Jahr.
Standort: volle Sonne, leichter Schatten.
Wuchshöhe: bis zu 2 Meter – im Topf meist niedriger.
Himbeeren sind ursprünglich Waldrandpflanzen und lieben eine eher „saure Bodenreaktion". Beim Pflanzen sollte daher etwas Holzhäcksel als Dränageschicht und zur Abdeckung verwendet werden. Ständige Bodenfeuchte wirkt sich gut auf das Wachstum der Pflanzen aus. Im Herbst tragende Himbeersorten wie 'Autumn Bliss' sind besonders pflegeleicht. Weil sie an den einjährigen, frischen Trieben fruchten, werden nach der Ernte im Spätherbst (nach dem ersten Frost) alle Ruten bodengleich abgeschnitten.

Rote Johannisbeere/Ribisel

(Ribes rubrum)
Die Rote Johannisbeere/Ribisel gehört zu den ältesten Beerenfrüchten im Hausgarten. Selbst in alten Bauerngärten fand man diese Sträucher bereits. Johannisbeeren gedeihen in größeren Töpfen und sollten an einem sonnigen Platz stehen, die Erde soll locker und humusreich sein. Die Gehölze entwickeln besonders viele Seitentriebe, wenn sie beim Pflanzen etwas tiefer eingegraben werden, als sie in der Baumschule standen. Erde mit Rindenmulch, Holzhäcksel oder Rasenschnitt abdecken. Achten Sie bei Rindenmulch und Holzhäcksel auf ein Produkt mit dem Österreichischen Umweltzeichen!

Mein Tipp

Auch Pfirsiche, Weintrauben, Kirschen und Marillen/Aprikosen lassen sich im Topf ziehen. Der große Vorteil bei der Kultur dieser empfindlichen Obstgehölze im Topf ist, dass sie bei drohendem Frost entweder leicht abgedeckt oder einfach für kurze Zeit in einen frostfreien Raum gestellt werden können.

Stachelbeere
(Ribes uva-crispa)
Stachelbeeren werden fast genauso kultiviert wie Johannisbeeren. Sie benötigen ein sonniges Plätzchen, gedeihen aber auch noch im Halbschatten ganz gut. Auch bei ihnen sollte der Boden mit Rindenmulch abgedeckt werden. Kompost ist ebenfalls gut für diese Sträucher. Alljährlich im Herbst sollten ältere Triebe herausgeschnitten werden, die kräftigen Jungtriebe setzen dann wieder viele Früchte an. Mehltau sorgt bei Stachelbeeren oft für totale Missernten. Im Herbst sollten bei solchen Sträuchern immer die Triebspitzen entfernt werden, denn dort befinden sich die Pilzsporen.

Brombeere
(Rubus [Fruticosus Grp.] 'Navaho'*)*
Ernte: von Juli bis Oktober.
Standort: volle Sonne, leichter Schatten.
Wuchshöhe: bis zu 2 Meter lange Triebe, im Topf meist viel kleiner.
Diese Brombeere ist in mehrerlei Hinsicht interessant: Die Beeren sind sehr groß, äußerst aromatisch, und vor allem ist die Pflanze dornenlos. Brombeeren entwickeln ein enormes Wachstum und müssen daher regelmäßig geschnitten werden.

Kräuter für Balkon und Terrasse

Für Menschen, die gern kochen, wird der Balkon- oder Terrassengarten rasch zum Küchengarten und da dürfen frische Kräuter natürlich nicht fehlen. Die meisten von ihnen lassen sich problemlos in Schalen und Töpfen kultivieren, nur ein warmer, sonniger Standort ist für die allermeisten Küchenkräuter wichtig, dann lassen sich Aroma, Vitamine und Inhaltsstoffe täglich frisch verwerten.

Das Vorbild der Kräuterspirale zeigt deutlich, worauf es ankommt: auf den Standort. Es gibt eben Pflanzen, die wollen einen trockenen, nährstoffarmen Boden – sie wachsen auf der Kräuterspirale weit oben, am besten mit Schutt oder Steinen als Unterboden. Andere Kräuter wiederum lieben feuchten, eher nährstoffreichen Boden – sie wachsen am Fuß dieses spiralförmig angelegten Hügels, manchmal am Ufer eines kleinen Teichs.
Balkongärtner werden nun keine solche Kräuterspirale anlegen können, aber Sie sehen: Die Pflanzen haben unterschiedliche Standortansprüche.

Und trotzdem gilt: Wer keinen Garten besitzt, muss auf die selbst gezogenen Kräuter nicht verzichten. Ein Balkon oder auch nur eine Fensterbank genügen, um die aromatischen Pflanzen zu züchten – eben mit dem richtigen Substrat, der richtigen Erde.

Ein Kräuterbeet kann auch auf der Terrasse gebaut werden.

Aroma im Tontopf

Mediterranes Flair in Tontöpfen.

Viele der Kräuter kommen aus dem sonnigen Süden und lieben die Hitze. Gerade dann entwickeln die Pflanzen das intensivste Aroma. Die besten Pflanzgefäße für Kräuter sind Tontöpfe, obwohl die Pflanzen darin häufiger gegossen werden müssen. Dafür ist das Klima ausgeglichen, und es kann in den Töpfen aus Ton kaum zu Staunässe kommen, denn die wäre die Todfeindin der Kräuter. Ein Beispiel dafür ist der Rosmarin. Kauft man ihn im Frühjahr in einer Gärtnerei, dann steht er fast immer in einem humosen Substrat – die ideale Erde für die Anzucht in großen Mengen. Auf lange Sicht überlebt der Rosmarin darin aber nicht. Er liebt steinigen, sandigen, kargen Boden. In einer solchen Erde lebt der Rosmarin dann auch viele Jahre. Selbst den Winter wird er an einem sehr kühlen und hellen Platz in diesem Substrat überdauern.

Die richtige Erde für Kräuter im Topf

Dank des ungebrochenen Kräuterbooms gibt es schon fertige Kräutererde zu kaufen.

Ob hier tatsächlich immer das optimale Substrat angeboten wird, darf bezweifelt werden. Mein Patentrezept daher: ⅓ Packungserde, ⅓ normale Gartenerde (evtl. von Maulwurfshügeln) und ⅓ Sand. Hornspäne als Dünger reichen völlig aus, und schon kann das Wachsen beginnen.

Der Kräutertopf

Nicht jeder will und kann gleich einen großen Teil seines Balkons oder der Terrasse für Kräuter verwenden. Die Lösung ist ein Kräutertopf: Diese Töpfe lassen sich mit einer Vielzahl von Kräutern bepflanzen. Kräutertöpfe werden in Etagen bepflanzt. Zuerst eine Schicht durchlässiger Erde einfüllen.

Dann werden die Wurzeln der Kräuter fest in Zeitungen gewickelt, um sie durch die Öffnungen im Topf schieben zu können. Trockenheitsliebende Kräuter wie Thymian, Lavendel oder Rosmarin kommen obenauf.

Feuchtigkeitsliebende Kräuter, z. B. Minzen, sollten eher im unteren Bereich angeordnet werden. Trockenheitsliebende Kräuter, z. B. Thymian oder Basilikum, kommen in den oberen Bereich.

Wer schon beim Einfüllen der Erde die Vorlieben der Pflanzen berücksichtigt, hat später weniger Mühe. Also: feuchtigkeitsliebende Pflanzen in mehr Humus, trockenheitsliebende Pflanzen in Erde mit größerem Sandanteil setzen.

Wer noch mehr auf Zierde Wert legt, sollte obenauf eine Duftpelargonie platzieren – Blüten und Duft in einem. Und noch ein Tipp: Da es schwierig ist, die Kräuter durch die kleinen Topföffnungen zu bringen, wickelt man sie zuerst fest in Zeitung, zieht sie damit „gebündelt" durch und entfernt anschließend das Papier. So werden Wurzeln und Blätter kaum verletzt.

Pflanzen für den Kräutertopf sind: Schnittlauch, Petersilie, Basilikum, Thymian, Liebstöckel, Minzen (neigen zum Wuchern!), Schnittknoblauch, Rosmarin.

Es gibt neue praktische Töpfe mit Pflanztaschen.

Am besten werden Kräuter nach dem Kauf gleich umgetopft.

Mein Tipp

Im Zimmer überleben Kräuter im Topf nur kurze Zeit. Meist ist es zu warm, und die Pflanzen werden krank oder von Blattläusen befallen. Besser ist es, die Kräuter auf die Außenfensterbank zu stellen – sturmgesichert, versteht sich.

Wer gerne kocht, kommt ohne Kräuter nicht aus. Nur welche? In der italienischen Küche darf das Basilikum nicht fehlen. Und die Rauke, Rucola, gehört ebenso dazu. Was steht dann noch einem romantischen italienischen Abend auf dem Balkon entgegen?

Kapuzinerkresse, nicht rankend
(Tropaeolum 'Tip Top Scarlet'*)*
Auspflanzung: nach den Eisheiligen –
aus Samen bereits im April ziehen.
Blütezeit: ab Juni.
Standort: volle Sonne oder leichter Schatten.
Die Blüten der Sorte 'Tip Top' stehen über dem Laub und leuchten mit ihren roten und goldgelben Farben monatelang. Kapuzinerkresse ist aber nicht nur schön, sondern kann sogar gegessen werden. Die Blätter enthalten Senföle und schmecken sehr würzig.

Strauch-Basilikum
(Ocimum 'Magic Blue'®*)*
Auspflanzung: nach den Eisheiligen – Mitte Mai.
Ernte: sofort – immer die Spitzen entfernen, damit es buschig wird.
Standort: volle Sonne, Überwinterung möglich.
Mit dieser robusten Basilikumsorte gibt es keine Probleme mehr. Sie ist sogar mehrjährig. Im Winter steht sie auf der Fensterbank – nicht zu feucht und sehr kühl, dann wird auch im kommenden Jahr der betörende Duft auf dem Balkon zu genießen sein. 'Magic Blue' ist ein Strauchbasilikum. Es kann sogar als Hochstamm gezogen werden. Mit seinen vielen blauen Blüten ist es eine reiche Bienenweide.

Petersilie *(Petroselinum crispum)*
Aussaat: nicht empfehlenswert, besser vorgezogene Pflanzen kaufen.
Standort: sonnig bis halbschattig, nicht zu trocken.
Ernte: sobald sich die ersten Laubblätter zeigen.
Wuchshöhe: etwa 20 Zentimeter.
Eine Petersilienpflanze zu kaufen ist sinnvoll, da die Anzucht durch Aussaat sehr lange dauert. Die Ernte sollte nicht zu früh beginnen, damit die Pflänzchen Kraft sammeln können. Wer auf dem Balkon ein kleines Gemüsebeet angelegt hat, sollte darauf achten, dass sie nie dort gepflanzt wird, wo im Vorjahr schon einmal Petersilie stand. Zum Kopfsalat – sollten Sie auch diesen einmal vom Balkon oder der Terrasse ernten wollen, passt Petersilie nicht so gut.

Schnittlauch *(Allium schoenoprasum)*
Aussaat: ab dem zeitigen Frühjahr.
Standort: sonnig bis halbschattig.
Wuchshöhe: 15 – 20 Zentimeter.
Schnittlauch gedeiht perfekt im Blumentopf, Hornspäne als Dünger genügen. Wer einen anderen Platz für den Schnittlauch sucht: Paradeiser sind gute Nachbarn, Bohnen und Kohl schlechte. Schnittlauch kümmert manchmal dahin und lässt sich zum Wachsen regelrecht bitten.
Das Wichtigste: Schnittlauch benötigt Frost, um mit dem Wachstum wieder zu beginnen. Daher die Töpfe erst ins Haus stellen, wenn sie einmal dem Frost ausgesetzt waren.

Schnittknoblauch
(Allium tuberosum)
Aussaat: an sich ganz leicht, noch einfacher sind Jungpflanzen.
Standort: sonnig.
Wuchshöhe: etwa 30 Zentimeter.
Das Wunderbare am Schnittknoblauch: Er wächst problemlos und schnell und hinterlässt nach dem Genuss keinen unangenehmen Mundgeruch. Man wird also nicht zum Vampirschreck. Schnittknoblauch, auch Knolau genannt (eine der Sorten ist 'Neko'), wird wie Schnittlauch kultiviert. Er kann auch vorgetrieben werden.

Rucola
(Eruca sativa)
Aussaat: ab Ende März, Ernte beginnt nach 3 Wochen.
Standort: leichter Schatten.
Wuchshöhe: etwa 20 Zentimeter.
Rucola ist ein Salatkräutlein, das bei uns so richtig in Mode gekommen ist. Es ist als Saatgut und auch immer häufiger als fertige Jungpflanze erhältlich.

Brunnenkresse
(Nasturtium officinale)
Aussaat: einfach in eine Schale mit Wasser streuen.
Standort: feuchtes Substrat in Sonne oder Halbschatten – darf niemals austrocknen.
Wuchshöhe: 10 – 20 Zentimeter.
Brunnenkresse wächst praktisch überall, wo es klares Wasser gibt. Entgegen einer weitverbreiteten Meinung muss es aber nicht unbedingt fließendes Wasser sein. Daher funktioniert die Kultur auch in einer Wasserschale auf dem Balkon.
Als Substrat verwenden Sie Sand mit etwas Erde gemischt. Nicht düngen, die Brunnenkresse ist sehr genügsam.

Basilikum
(Ocimum basilicum)
Aussaat: möglich, aber nicht ganz leicht, einfacher sind Jungpflanzen.
Standort: Sonne und Wärme, Wärme, Wärme.
Wuchshöhe: etwa 20 – 30 Zentimeter.
Das Basilikum liebt Wärme über alles – daher lässt es sich im Topf auf dem Balkon oder der Fensterbank ideal kultivieren. Noch ein Tipp für die Aussaat: Basilikum ist ein Lichtkeimer und darf daher bei der Aussaat nur dünn mit Erde bedeckt werden.

Kresse
(Lepidium sativum)
Aussaat: jederzeit – selbst im Winter auf der Fensterbank.
Standort: überall, sogar auf feuchter Küchenrolle.
Wuchshöhe: 5 Zentimeter.
Die Kresse gehört zu den Kräutern, die am einfachsten zu ziehen sind. Ideal ist Kresse als Pflanze für einen „Kinder-Garten", da sie so schnell keimt. Sie ist kurzlebig und muss immer wieder nachgebaut werden.

Dill *(Anethum graveolens)*

Aussaat oder Auspflanzung: ab Ende April.
Standort: sonnig bis halbschattig.
Wuchshöhe: etwa 20 – 40 Zentimeter.
Wer kein Ordnungsfanatiker ist, kann Dill einfach überall dorthin streuen, wo er meint, er fühle sich wohl: unter Kübelpflanzen, zwischen Balkonblumen. Kreativität ist gefragt. Wer es ordentlicher will, kauft eine Jungpflanze und lässt sie einige Wochen wachsen. Die Blüten des Dills sind besonders würzig. Wie im Gurkenglas sind auch in Beet und Topf Dill und Gurken ideale Partner.

Rosmarin
(Rosmarinus officinalis)

Aussaat: nicht möglich, kaufen Sie Jungpflanzen „mit der Nase".
Standort: volle Sonne.
Überwinterung: hell und kühl, wenig gießen.
Wuchshöhe: bis zu 50 Zentimeter (bei alten Exemplaren).
„Meertau" heißt die Pflanze eigentlich in der Übersetzung, was schon zeigt, wo ihre Heimat liegt: am Meer. Bei uns ist sie daher nicht frosthart. Einige Sorten ('Arp', 'Salem', 'Veitshöchheim') sollen aber bis zu minus 20 °C aushalten, allerdings niemals im Topf. Wichtig ist das richtige Substrat: normale Gartenerde, Splitt und Sand.

Mein Tipp

Rosmarin überlebt Jahrzehnte, wenn er die richtige Erde bekommt. Nur im kargen Boden eines Sand-Lehm-Gemischs fühlt sich Rosmarin wohl und überlebt an einem kühlen Fensterplatz jeden Winter. Neu gekaufte Pflanzen stehen meist in Torfsubstrat – daher sofort umtopfen!

Es gibt viele Kräuter fürs Gemüt. Rosmarin hat beruhigende Wirkung, und wenn's heiß hergeht: Ringelblumensalbe hilft bei Abschürfungen und Wunden. An einem Sommertag erfrischt ein Glas Wasser mit einem Blatt Zitronenverbene. Und wenn der Magen streikt: Kamille versöhnt ihn wieder.

Ringelblume
(Calendula officinalis)
Aussaat: wächst absolut problemlos – ab März.
Blütezeit: ab Anfang Juni.
Standort: sonnig.
Überwinterung: nicht möglich – sät sich aber bereitwillig aus.
Wuchshöhe: bis zu 40 Zentimeter.
Die Ringelblume gedeiht praktisch überall. Besonders hübsch sehen Ringelblumen in Kombination mit anderen Pflanzen aus. Nicht nur im Kräuterkasten, sondern auch als Unterpflanzung von Gehölzen und Gemüse.

Zitronenverbene
(Aloysia triphyllus syn. *Lippia citriodora)*
Aussaat: möglich, besser Jungpflanzen kaufen.
Ernte: sofort.
Standort: sonnig bis leichter Schatten.
Überwinterung: kühl und hell.
Wuchshöhe: 1 – 2 Meter, lässt sich aber durch Schnitt kompakt halten.
Diese nach Zitrone duftende Pflanze begeistert jeden, der einmal daran gerochen hat. Normale Balkonblumenerde mit Hornspänen ist die ideale Grundlage. Die Pflanze ist nicht frostfest und muss daher bei uns im Winter bei 5 – 10 °C überwintert werden. Möglichst hell und kühl überwintern.

Thymian
(Thymus vulgaris)
Aussaat: möglich, sinnvoller Jungpflanzen kaufen.
Standort: sonnig und heiß – je trockener, desto lieber.
Überwinterung: problemlos, vor zu viel Feuchtigkeit schützen.
Wuchshöhe: 5 – 15 Zentimeter.
Thymian gibt es in Hunderten Sorten. Magerer, sandiger Boden und kein Dünger, das genügt ihm. Damit der Thymian kompakt bleibt, muss er regelmäßig kräftig zurückgeschnitten werden, sonst wird er sparrig.

Kamille *(Matricaria recutita)*
Aussaat: ab Ende März.
Blütezeit: ab Juni.
Standort: sonnig und heiß – magerer Boden.
Überwinterung: Kamille ist einjährig, sät sich aber meist selbst aus. Wuchshöhe: 20 – 30 Zentimeter.
Die echte Kamille wird etwa 20 – 40 Zentimeter hoch, hat fein gefiederte Blätter und ab Juni Blüten mit weißen Blütenblättern und einer gelben Mitte. Zur Unterscheidung von anderen (nicht heilkräftigen) Kamillenarten: Die echte Kamille besitzt einen hohlen Blütenboden; zerreibt man ihn, riecht er nach Kamillentee. Die Kamille ist einfach aus Samen zu ziehen und sollte direkt ausgesät werden.

Zitronenmelisse
(Melissa officinalis)
Aussaat oder Auspflanzung: ab April.
Standort: sonnig in normaler Balkonblumenerde.
Überwinterung: problemlos.
Wuchshöhe: 20 – 40 Zentimeter.
Hat man die Zitronenmelisse einmal in den Garten geholt, dann begleitet einen dieses aromatische Kraut für immer. Selbst auf der Terrasse wird man überrascht sein, wo überall die feinen Samenkörner hingelangen und keimen.

Die Pflanzen für einen Balkonkasten mit „Kräutern fürs Gemüt" (Länge 100 Zentimeter)

1. Rosmarin *(Rosmarinus officinalis)*
2. Ringelblume *(Calendula officinalis)*
3. Zitronenverbene *(Aloysia triphylla)*
4. Thymian *(Thymus vulgaris)*
5. Kamille *(Matricaria recutita)*
6. Zitronenmelisse *(Melissa officinalis)*

Aromagarten auf dem Balkon

Am Lavendel riechen und von der Provence träumen, am Thymian schnuppern und im Geiste durch einen englischen Kräutergarten wandeln – auch das kann ein Balkon sein: ein begehbarer Aromaschrank.

Lavendel
(Lavandula angustifolia 'Hidcote Blue'*)*
Auspflanzung: ab Anfang März.
Blütezeit: ab Juni/Juli.
Standort: volle Sonne in normaler, eher sandiger Balkonerde – am besten mischt man etwas Kies unter.
Überwinterung: problemlos; nicht zu nass.
Wuchshöhe: etwa 20 – 30 Zentimeter, gut schnittverträglich.
Lavendel wird ohne Schnitt bis zu 100 Zentimeter hoch, die länglichen Blätter wirken wie Nadeln und sind graugrün. Im Juni beginnt der Lavendel zu blühen, meist blau. Die schönste Sorte, die es gibt, ist 'Hidcote Blue'. Er wächst am kompaktesten und hat das dunkelste Blau, das man sich vorstellen kann. Nach der Blüte sollte man den Lavendel kräftig zurückschneiden, um ihn in Form zu halten.

Ysop
(Hyssopus officinalis)
Auspflanzung: ab März.
Blütezeit: ab Juli.
Standort: sonnig, kiesig – durchlässiger Boden.
Überwinterung: geschützt – nicht zu nass.
Wuchshöhe: je nach Schnitt bis zu 60 Zentimeter.
Das Erstaunlichste am Ysop sind seine lang anhaltende Blüte und seine Robustheit. Er verträgt jeden Rückschnitt und wurde daher sehr schnell von den Kräutergärtnern früherer Zeit zu kleinen Hecken gepflanzt. Ungeschnitten wird er bis zu 60 Zentimeter hoch. Da die Pflanzen Kalk lieben, sollte man gut zerdrückte Eierschalen ins Pflanzloch streuen – noch besser wäre Algenkalk.

Eberraute
(Artemisia abrotanum)
Auspflanzung: ab April.
Blütezeit: Juli bis Oktober.
Standort: volle Sonne – eher trocken halten.
Überwinterung: geschützt – mit Vlies einpacken.
Wuchshöhe: bis zu 60 Zentimeter.
Die graugrünen, fein gefiederten Blätter wachsen an einem Busch, der bis zu einem Meter hoch wird und dessen ältere Äste verholzen. Eberrauten lieben sonnigen, eher trockenen, kalkhaltigen Boden. Überwintert man die Pflanzen, muss man sie vor strengem Frost schützen. In Kräutergärten wird die Pflanze auch als Hecke verwendet, da sie sehr gut zurückgeschnitten werden kann und sich gut verjüngt.

Echter Salbei
(Salvia officinalis 'Berggarten'*)*
Auspflanzung: ab März.
Blütezeit: ab August.
Standort: volle Sonne und kiesiger Boden.
Überwinterung: vor Nässe schützen.
Wuchshöhe: etwa 50 Zentimeter.
Als kleiner immergrüner Strauch wird er gut einen dreiviertel Meter hoch, er kann aber regelmäßig geschnitten werden. Nach einigen Jahren sollte die Pflanze erneuert werden, weil sie zu stark verholzt. Je trockener und durchlässiger der Boden ist, desto wohler fühlt sich der Salbei. Eine der Sorten, die die kräftigsten Blätter und die schönsten Blüten entwickeln, ist 'Berggarten'.

Pfefferminze *(Mentha × piperita)*
Auspflanzung: ab März.
Blütezeit: Juli bis August.
Standort: feucht und halbschattig.
Überwinterung: problemlos im Freien.
Wuchshöhe: bis zu 50 Zentimeter.
Pfefferminze liebt feuchte Standorte im Halbschatten. Sie neigt zum Wuchern und sollte daher in ihrem Wachstum gebremst werden. Auf dem Balkon geschieht dies am einfachsten dadurch, dass man sie in einen eigenen Topf setzt. Anderenfalls ist der gesamte Kasten nach einigen Wochen von der Pfefferminze durchwachsen. Die Töpfe sollten nicht zu klein sein, denn die herrlich duftenden Pflanzen benötigen tiefgründigen Boden.

Duft-Pelargonie *(Pelargonium spp.)*
Auspflanzung: ab Mitte Mai bis zum Frost.
Blütezeit: ab Mai (je nach Sorte).
Standort: volle Sonne. Überwinterung: kühl, trocken, hell.
Wuchshöhe: je nach Schnitt 30 – 50 Zentimeter.
Duftpelargonien gibt es unendlich viele. Zitrone, Orange, Rose, ja sogar so exotische Düfte wie Kokosnuss sind zu finden. Sie kommen immer mehr in Mode. Duftpelargonien sind äußerst genügsam, für einen möglichst sonnigen Sommerstandort aber dankbar. Je sonniger, desto mehr muss gegossen werden. Überwintert werden die nicht frostfesten Pflanzen an einem möglichst kühlen und hellen Ort. Im Frühjahr nach dem Umtopfen kräftig zurückschneiden.

Die Pflanzen für einen Balkonkasten mit „Kräutern für den Duft" (Länge 100 Zentimeter)

1. Lavendel *(Lavandula angustifolia* 'Hidcote Blue'*)*
2. Ysop *(Hyssopus officinalis)*
3. Echter Salbei *(Salvia officinalis* 'Berggarten'*)*
4. Duft-Pelargonie *(Pelargonium spp.)*
5. Eberraute *(Artemisia abrotanum)*
6. In einem eigenen Topf mit Untersetzer (wegen der Feuchtigkeit): Pfeffer-Minze *(Mentha × piperita)*

Bäume und Sträucher

Bei der Gestaltung von Balkonen und Terrassen sollten der eine oder andere Strauch oder kleine Baum nicht fehlen. Gehölze punkten nicht nur mit Blüten und Blättern, sondern auch mit ihrer Struktur. Im Frühling tragen die Zweige erstes zartes Grün, im Sommer bringen sie Ruhe in die bunte Üppigkeit des Balkons, im Herbst wirken die farbigen Blätter, im Winter die Zweige und die Rinden.

Es sieht schon komisch aus, wenn man durch eine Stadt spaziert und plötzlich im 6. Stock einen mächtigen Ahorn auf einem Balkon sieht. Bäume und Sträucher mitten in der Stadt in luftiger Höhe – das symbolisiert wohl am besten den Wunsch der Bewohner nach einer Oase im Grünen, einem Platz zum Entspannen.

Im Prinzip sind alle Gehölze für einen großen Topf, eine Blumenwanne oder die Bepflanzung direkt auf einer Dachterrasse geeignet. Allerdings erlebt man dann schnell, wie rasch diese Bäume wachsen und nicht nur stören, sondern auch zur Gefahr werden können.

Sortenauswahl

Vor allem bei Gehölzen sollte man auf die Sorte achten: Die Forsythie ist ein Beispiel dafür. Wählt man eine ganz normale Gartensorte, dann wird sie zum Riesen. Mit den speziellen Balkonsorten hat man aber große Freude: Sie wachsen kompakt und machen keine Mühe mit dem Schnitt. Ähnlich ist es auch bei der Sortenwahl anderer Bäume und Sträucher. Der erste Schritt zum grünen Paradies auf höchster Ebene ist getan. Selbst der lang ersehnte Hausbaum, wenn auch nur in einer Zwergform, könnte alle Jahre wieder grünen und blühen!

Frostgefahr und Winterhärte

Viele Terrassengärtner sind skeptisch, was die Winterhärte der Gehölze betrifft, aber meistens passiert den Pflanzen selbst in einem eisigen Winter gar nichts. Die lebenden Teile der Balkondekoration sind da oft weniger gefährdet als Töpfe und Kästen:

Der Frost sprengt mit seiner enormen Kraft die Behälter. Daher sollte schon beim Bepflanzen besonders auf guten Wasserabzug geachtet werden. Kies oder Schotter als unterste Dränageschicht verhindert solche unliebsamen Frühlingsüberraschungen. Terrakottatöpfe müssen den Winter über immer auf Holzleisten oder Styroporplatten gestellt werden. Nur so kann das Festfrieren auf dem Boden verhindert werden.

© shutterstock.com/Darryl Brooks

Von vielen Gehölzen werden kompakte, kleinwüchsige Sorten speziell für die Verwendung im Trog und auf Balkonen angeboten.

Kampf dem Vertrocknen

Die meisten wintergrünen Pflanzen in Trögen erfrieren nicht, sondern vertrocknen. Denn – so unglaublich es klingt – das Wachstum geht auch im Winter weiter. Ganz langsam. Und so verdunstet die Pflanze selbst bei Frost Feuchtigkeit, die sie über die Wurzeln aufnimmt. Ist dort kein Wasser vorhanden, dann kommt es zu den Trockenschäden, die letztlich selbst große Bäume absterben lassen. Daher sollte man, wann immer es während des Winters Tage mit Temperaturen über null Grad gibt, die wintergrünen (und nur diese) Gehölze gießen. Nicht zu viel und nicht zu wenig – eben mit Augenmaß.

Efeu wächst zunächst sehr langsam; kommt er allerdings richtig in Schwung, dann ist er kaum zu bremsen und bildet, auf einem Spalier gezogen, einen dichten Sichtschutz.

Auf jedem Balkon sollte es auch im Winter eine „grüne Ecke" geben. Wintergrüne Laubpflanzen sind auch auf Balkon und Terrasse eine sinnvolle Alternative zu eintöniger Bepflanzung mit Thujen. Viele sind robust, manche erleiden aber bei extremer Kälte und Trockenheit große Schäden. Wie bei allen Pflanzen ist es auch bei diesen nötig, an frostfreien Tagen im Winter zu wässern. Alle Gewächse, die im Winter grün sind, verdunsten selbst bei Kälte Wasser und können vertrocknen.

Mein Tipp

Heimische Laubgehölze sind nicht nur aus ökologischen Gründen zu empfehlen, sondern auch robuster als Koniferen oder Nadelbäume. Der Grund ist einfach: Anders als wintergrüne Pflanzen leiden sie im Winter nicht so sehr unter der geringen Feuchtigkeit in Töpfen und Trögen.

Efeu
(Hedera helix)
Blütezeit: erst im hohen Alter im September/Oktober.
Standort: Halbschatten oder Schatten.
Wuchshöhe: Kletterpflanze – 6 Meter und mehr.
Der heimische Efeu (und nur der) ist der einzige, der einen Extremstandort auf dem Balkon aushält. Er wächst in den ersten Jahren sehr langsam, später aber ist er kaum mehr zu bremsen und kann stark geschnitten werden. Gerade beim Efeu ist es wichtig, dass das Erdreich im Herbst kräftig gewässert wird, denn Trockenschäden durch Wintersonne hinterlassen unschöne braune Stellen. Passiert das dennoch, ist es kein Problem – der Efeu erneuert sich meist rasch wieder von der Wurzel her.

Kirschlorbeer

(Prunus laurocerasus 'Caucasica')
Blütezeit: Mai/Juni.
Standort: volle Sonne, im Winter ist ein geschützter Standort ideal.
Wuchshöhe: bis 1,5 Meter und mehr.
Die Sorte 'Caucasica' erfüllt alle Wünsche – sie wächst robust und stark und ist auch extrem winterhart. So gibt es keine Enttäuschung mehr: Wer sich für Kirschlorbeer entscheidet, sollte unbedingt auf die Sorte achten, denn es gibt einige äußerst empfindliche, die vor allem im Kübel keine Chance haben, einen strengen Winter zu überleben. Kirschlorbeer kann stark geschnitten werden. Im Spätsommer ist kalibetonte Düngung (auch in organischer Form erhältlich) wichtig, damit die Triebe frostfest werden.

Stechpalme

(Ilex × meserveae 'Blue Princess')
Blütezeit: die Blüten sind unscheinbar, wichtiger ist die rote Frucht ab Oktober.
Standort: sonnig bis schattig.
Wuchshöhe: bis 150 Zentimeter.
So mancher schreckt vor der Stechpalme zurück, weil sie ihrem Namen mehr als gerecht wird. 'Blue Princess' sticht aber „verträglich". Die Frucht im Winter belohnt die kleinen Attacken, denn auch diese Pflanze ist in den letzten Jahren wieder in Mode gekommen. In England gilt die Stechpalme sogar als der Weihnachtsschmuck schlechthin. Und so sieht ein fruchtgeschmückter Ilex auf dem Balkon für viele mittlerweile recht weihnachtlich aus. Wer blaugrünes Laub lieber mag, sollte die Sorte 'Blue Angel' wählen.

Zwerg-Eibe *(Taxus baccata 'Repandens')*
Blütezeit: keine. **Standort:** halbschattig.
Wuchshöhe: je nach Standort.
Eiben sind als Heckenpflanzen begehrt – auch das ist ein Trend, der aus England kommt. Dort zählen sie zu den beliebtesten Heckenpflanzen – ob im Herrenhausgarten oder im kleinen Reihenhausgarten. Eiben sind extrem nährstoffbedürftige Pflanzen und lieben sehr humusreichen Boden. Wichtig für einen schönen Wuchs ist auch ein regelmäßiger Schnitt. Sollte der einmal vergessen worden sein, dann ist es kein Problem: Eiben treiben selbst aus dem alten Holz wieder aus und regenerieren sich somit sehr gut.

Bodendecker-Geißblatt
(Lonicera pileata 'Moosgrün')
Blüte: Blattpflanze.
Standort: sonnig bis schattig.
Wuchshöhe: bodendeckend.
Dieses Geißblatt unterscheidet sich von allen anderen durch seinen gedrungenen Wuchs und seine nicht vorhandene Blüte. Dafür ist es rund ums Jahr sattgrün und deckt den Boden unter Gehölzen ganz hervorragend ab. Es ist so robust, dass es auch Trockenheit gut verträgt und sich an extrem sonnigen Standorten sehr wohlfühlt.

Pflanzen für einen Balkon „Ganz in Grün"

1. Kirschlorbeer *(Prunus laurocerasus 'Caucasica')*
2. Efeu *(Hedera helix)* für Rankgitter
3. Zwerg-Eibe *(Taxus baccata 'Repandens')*
4. Stechpalme *(Ilex × meserveae 'Blue Princess')*
5. Bodendecker-Geißblatt *(Lonicera pileata 'Moosgrün')*

Ein Balkongarten sollte auch für Überraschungen sorgen. Und so mancher „Stadtmensch" wird auf seinem kleinen Stück Grün plötzlich zum Naturliebhaber. Da ist es nur eine Frage der Zeit, bis die eine oder andere Rarität im Topf auf dem Balkon landet. Bei diesem Vorschlag handelt es sich durchweg um Gehölze, deren Blüten im Frühling praktisch aus dem Nichts am nackten Holz der Äste oder gar des Stammes erscheinen. Das Laub kommt meist erst danach.

Judasbaum
(Cercis siliquastrum)
Blütezeit: April.
Standort: sonnig und sehr geschützt.
Wuchshöhe: im Trog nicht allzu groß.
Der Judasbaum gehört zu den außergewöhnlichsten Blühern. Wenn sich an den nackten Ästen und direkt am Stamm plötzlich die Blüten öffnen, dann überrascht das jedes Jahr. Freilich sollte man gerade bei dieser Rarität beachten, dass ein sehr geschützter Standort notwendig ist. Spätfroste im März können die Blüte vernichten.
Wird die Pflanze zu groß, kann sie problemlos nach der Blüte geschnitten werden.

Rosa Winter-Schneeball
(Viburnum × bodnantense)
Blütezeit: März/April.
Standort: sonnig bis halbschattig.
Wuchshöhe: bis 100 Zentimeter.
Duftschneebälle gibt es viele, diese rosa Form ist aber eine der schönsten. Die kleinen Blüten öffnen sich meist schon ab Februar und verströmen einen betörenden Duft.
Die robuste Pflanze trägt dichtes Laub und ist daher auch in der übrigen Zeit sehr ansprechend.

Winter-Geißblatt
(Lonicera × purpusii)
Blütezeit: Februar bis März.
Standort: sonnig bis halbschattig.
Wuchshöhe: bis etwa 100 Zentimeter.
Kaum kommen die ersten sonnigen Tage, öffnet die Pflanze kleine Blüten, die einen betörenden Duft verströmen. Je nach Witterung dauert das Blühen vier, fünf, ja manchmal sogar 6 Wochen. Ein reizender Kleinstrauch, der die ersten Sonnenstunden auf dem Balkon zu einem Dufterlebnis werden lässt.

Blaues Geißblatt – Maibeere®
(Lonicera caerulea var. kamtschatica)
Blütezeit: März.
Standort: sonnig bis halbschattig.
Wuchshöhe: max. 150 Zentimeter.
Dieses Geißblatt (auch Blaue Heckenkirsche genannt) ist für extreme Witterung gerüstet. Es vereint gleich zwei Vorteile. Der erste ist der bezaubernde Duft der kleinen Blüten, die sich im März öffnen, der zweite die köstliche Frucht, die den Kulturheidelbeeren nicht unähnlich ist. Bereits zwei Wochen vor der Erdbeere kann sie geerntet werden. Wie robust die Maibeere® ist, zeigt die Tatsache, dass die Blüten selbst Frost bis minus 20 °C überstehen. Der Gehalt der Früchte an Vitamin C und D ist sehr hoch.

Winter-Jasmin
(Jasminum nudiflorum)
Blütezeit: ab November bis April.
Standort: sonnig bis schattig.
Wuchshöhe: Kletterpflanze.

Der Winter-Jasmin überrascht in den ersten nebligen November- und Dezembertagen mit seinen strahlend gelben Blüten. An den nackten Trieben erscheinen sie in unendlicher Zahl und sorgen so bis ins Frühjahr hinein immer wieder für Farbkleckse. Die Pflanze wird zwar als Kletterpflanze bezeichnet, benötigt aber unbedingt eine Rankhilfe und muss auch immer wieder aufgebunden werden. Sie lässt sich auch an den Rand von Trögen pflanzen und wird dann – je nach Witterung – im Winter einen gelb blühenden Vorhang bilden. Regelmäßiger Schnitt hält die Pflanze kompakt.

Mein Tipp

Gehölze im Topf kann man auf folgende Art vor zu starkem Frost schützen: Noppenfolie mit etwas Überstand um den Topf wickeln und den Überstand mit Rindenmulch auffüllen.

Pflanzen für einen Balkon mit „Blüten aus dem Nichts"

1. Judasbaum *(Cercis siliquastrum)*
2. Winter-Geißblatt *(Lonicera × purpusii)*
3. Blaues Geißblatt – Maibeere® *(Lonicera caerulea var. kamtschatica)*
4. Rosa Winter-Schneeball *(Viburnum × bodnantense)*
5. Winter-Jasmin *(Jasminum nudiflorum)*

Biologischer Pflanzenschutz

Geranien oder richtiger Pelargonien zählen seit Jahrzehnten zu den beliebtesten Balkonblumen.

Schädlinge und Krankheiten treten in erster Linie dann auf, wenn sich Pflanzen an ihrem Standort nicht wohlfühlen. In ihrem geschwächten Zustand sind sie dann ein „gefundenes Fressen" für Schädlinge und ein idealer Ausbreitungsort für Krankheiten. Die Pflanzen vorbeugend zu stärken ist deshalb so wichtig. Wo Schädlinge und Krankheiten nicht auftreten, müssen sie auch nicht bekämpft werden – das schont die Umwelt und auch die Geldbörse.

Eine Frage, die sich viele Pflanzenliebhaber stellen: Woher kommen Schädlinge? Kaum sind im Frühling die Blätter da, krabbeln sie schon – die Blattläuse. Oder sie steigen in weißen Schwärmen auf – die Weißen Fliegen. Oder sie schmiegen sich mit einem dichten Geflecht an die Blattunterseite – die Spinnmilben.

Im Prinzip gibt es Schädlinge immer und überall. Sie warten nur auf den idealen Zeitpunkt. Daher ist auch schon klar, wann sie zuschlagen: wenn es den Pflanzen nicht ganz so gut geht. Manchmal ist das nicht verständlich: Sie haben gedüngt und gegossen, Sie haben viel mehr getan, als man tun müsste – und dann ... Vielleicht genau deshalb: Zu viel des Guten ist genauso schlecht wie zu wenig. Gärtnern Sie mit der Natur und nicht gegen sie. Die Pflanzen gesund erhalten statt – mit welchen Mitteln auch immer – wieder gesund machen.

Sonne für Sonnenanbeter

Sind Pflanzen echte Sonnenanbeter, wie etwa Pelargonien, dann beginnen sie an halbschattigen oder gar schattigen Plätzen sehr rasch zu kränkeln. Nicht nur, dass die Blattläuse kommen, auch Pilzkrankheiten tun das ihre. Daher ist es notwendig, die Pflanzen mit den richtigen Ansprüchen an die richtige Stelle zu platzieren. Umgekehrt leidet eine schattenliebende Pflanze, wie z. B. die Fuchsie, in der prallen Sonne ganz gewaltig. So schnell kann man gar nicht schauen, wie die Spinnmilben an den Blättern ein feines Fadennetz weben.

Durst haben nicht alle

Zwar kann generell gesagt werden, dass Balkonblumen einen sehr großen Wasserbedarf haben, aber Pflanzen, die beispielsweise über Wochen in einem randvoll mit Wasser gefüllten Übertopf stehen, werden krank – oft so krank, dass sie dann gar nicht mehr zu retten sind. Mit Augenmaß und Hausverstand vorgehen hält Pflanzen gesund.

Hunger macht krank

Pflanzen, die wochenlang nicht gedüngt werden, kümmern und sind rasch Ziel der Attacken von Schädlingen und Krankheiten. Gelbe Blätter, Kolonien von Läusen und oft ein Teppich von Mehltau können bei solchen hungernden Pflanzen die Folge sein. Andererseits ist aber auch ein Zuviel an Dünger schlecht – Langzeitdünger, die punktgenau Nährstoffe abgeben, sind daher ideal und das beste Vorbeugemittel.

Ein Hotel für Nützlinge

Es gibt wohl kaum Spannenderes, als das Leben von Tieren zu beobachten. Wie sonst wäre es möglich, dass Natursendungen im Fernsehen zu den beliebtesten zählen. Mit einem Insekten-hotel lässt sich ein Stück Natur auf Balkon und Terrasse holen, das zahlreichen Nützlingen Unterschlupf bietet.

Das „Hotel" besteht aus einem kräftigen, mindestens 10 Zentimeter breiten Holzrahmen in beliebiger Größe. Ist der Rahmen gleich in mehrere Abteilungen getrennt, dann können verschiedene Nistmaterialien eingebaut werden: Lochziegel, Lehm, Schilf, Bambusstäbe, Staudenstängel oder markhaltige Stängel von Brombeere oder Holunder. Gerade Letztere sind ideale Nisthilfen: Das Mark wird ausgefressen und die entstandene Höhle als Nistgang benutzt.

Hartholz, in das Löcher von 6 – 8 Millimeter Durchmesser gebohrt werden, sind ebenfalls beliebte Nistplätze. Löcher nicht durchbohren und das Holz nicht bemalen – alle Holzschutzmittel töten die Brut!

Und noch etwas Wichtiges: Nisthilfen dürfen nie gereinigt werden, da die Brut über den Winter in den Nisthöhlen verbleibt und erst im Frühjahr schlüpft. Mit einem Drahtgitter in 5-7cm Abstand zur Befüllung schützten Sie das Hotel vor hungrigen Vögeln, welche die Insektenbrut sonst gerne fressen.

Vorbeugen fördert die Pflanzengesundheit

- Die richtige Pflanze am richtigen Standort sorgt für gesundes Wachstum. Schattenliebende Pflanzen also niemals in die Sonne, „Sonnenkinder" nie in den Schatten.
- Regelmäßiges Gießen sorgt für kräftiges Wachstum der Pflanzen, und gut gepflegte Pflanzen werden nicht so leicht von Schädlingen und Krankheiten befallen.
- Ein luftiger, nicht zu enger Standort verhindert Pilzkrankheiten.
- Passende Mischkultur mit anderen Pflanzen kann Pilzkrankheiten vermeiden.
- Läuseabwehr mit Lockpflanzen: Kapuzinerkresse lockt auch bei Obstbäumen im Kübel die Blutläuse an und verhindert so den Befall der Bäume.
- Rechtzeitiges Bekämpfen einiger weniger Schädlinge ist die beste Vorbeugung einer Invasion.
- Regelmäßiges Ausputzen vermindert nicht nur die Gefahr von Pilzkrankheiten. Wenn bei dieser Gelegenheit auch Samenstände entfernt werden, sorgt man dafür, dass die Pflanzen nicht unnötig geschwächt werden.
- Gleichmäßige Nährstoffversorgung (also weder zu viel noch zu wenig Dünger) sorgt ebenfalls für gesundes Wachstum, Langzeitdünger sind außerdem zeitsparend.
- Das Überwintern bedeutet für alle Kübel- und Balkonpflanzen die größte Belastung. Aber: Je kühler und heller der Raum ist, desto kräftiger starten die Pflanzen in die nächste Saison.

© fotolia.com/Patricia Tilly

DIE HÄUFIGSTEN SCHÄDLINGE UND KRANKHEITEN

Invasion der Blattläuse

Eine völlig verlauste Pflanze ist kein Grund zum Verzweifeln – und dennoch sollten es Balkongärtner nie so weit kommen lassen. Beobachten Sie daher ständig Ihre Pflanzen. So können Sie schon eingreifen, bevor große Massen von Blattläusen auftreten.

Ehe „mit Kanonen geschossen" wird, sollten die Nützlinge geschützt werden. Das gilt auch für den Balkongarten: Vögel, Florfliegen, Marienkäfer und Ohrwürmer sind die natürlichen Feinde der Blattläuse.

Ohrwürmer lockt man am besten so an: Hängen Sie sogenannte Ohrwurmhäuschen auf. Es sind dies Tonblumentöpfe, die verkehrt herum aufgehängt werden und in die Heu oder Holzwolle gestopft wird. Tagsüber verstecken sich darin die Ohrwürmer, nachts gehen sie auf Lausjagd.

Maßnahmen bei Blattlausbefall:

- Blattläuse mit den Fingern abstreifen.
- Stark befallene Triebe entfernen.
- Ober- und Unterseiten der Blätter öfter mit einem scharfen Wasserstrahl abspritzen.
- Befallene Pflanzen mit einer Kaliseifenlösung abwaschen und einige Zeit später mit reinem Wasser abspülen.
- Peperoni als Läuseabwehr: 4 – 5 Pfefferoni mit 2 Litern Wasser aufkochen, auskühlen lassen und anschließend ausdrücken (dabei wegen der Schärfe Handschuhe verwenden). Das verlauste Gemüse mit der gewonnenen Brühe spritzen.

Mein Tipp

Ein Trick hilft, den Ohrwurmtopf rascher zu besiedeln. Legen Sie den mit Holzwolle präparierten Ohrwurmtopf einige Tage lang unter Sträucher (z. B. in der Grünanlage vor dem Haus). Dann werden sich darin die Ohrwürmer verstecken und noch schneller Blattlauspolizei spielen, nachdem Sie den Topf tagsüber zu den Stellen gehängt haben, wo die Helfer gebraucht werden.

Vorbeugende Maßnahmen gegen Blattläuse:

- Überdüngung vermeiden
- zum Standort passende Pflanzen wählen
- ausreichend gießen
- gefährdete Pflanzen an windbewegten Standorten pflanzen
- Nützlinge fördern – außer den beschriebenen Ohrwürmern sind das Marienkäfer, Florfliegen und Vögel

In umgestülpten und mit Stroh gefüllten Blumentöpfen fühlen sich Ohrwürmer wohl.

Schildläuse

Oft sind es nicht die Läuse, die entdeckt werden, sondern der klebrige Saft, der auf Blättern, auf dem Fußboden oder anderen Gegenständen zu finden ist, die unter einer von Schildläusen befallenen Pflanze stehen. Besonders gern nisten sich die Schildläuse auf Oleander, Zitrus oder Lorbeer ein. In dichten Kolonien sind sie an Ästen, Blattrückseiten, ja manchmal sogar am Stamm zu finden. In der ersten Panik ist bei vielen oft der Griff zur Schere die scheinbare Lösung für das Problem. Tatsächlich hilft das aber wenig: Die Pflanze hat dann einen gewaltigen Schock, viel weniger Blätter, um Kraft zu tanken, und ist den Angriffen noch viel hilfloser ausgeliefert. Erste Hilfe sollte, wann immer es möglich ist, das Abwaschen mit Schmierseifenwasser sein. Ein Zitronenbäumchen, seit 18 Jahren mein ständiger Begleiter und plötzlich mit Unmengen von Schildläusen besetzt (die Erde war vermutlich nicht ideal), kam unter die Dusche und war bald lausfrei.

Kopfwäsche gegen Schildläuse

Um Schildläuse zu bekämpfen, wischen Sie die Blätter ab oder sprühen Sie die Pflanzen von allen Seiten gut mit einem Biospritzmittel auf Raps- oder Paraffinölbasis ein oder mit Neem-(Azadirachtin) Präparaten. Nach einigen Tagen, und falls nötig nach einigen Wochen, diese „Kopfwäsche" wiederholen.

Schnecken, auch in luftiger Höhe

Auch wenn es schwerfällt und man am liebsten sofort mit den stärksten Mitteln eingreifen möchte: Hier gilt es zunächst Ruhe zu bewahren und die Gegebenheiten auf dem Balkon oder der Terrasse zu prüfen. Vor allem, ob es genug Unterschlupf und Lebensraum für Nützlinge gibt. Freilich sind einige der Schneckenvertilger wie Kröten und Igel selten bis gar nicht in luftiger Höhe zu finden – bei großen Terrassen, die im Erdgeschoss liegen und eine Verbindung zum Garten haben, können solche Helfer aber gute Dienste tun.

Der Name ist Programm: Schildlaus.

Schnecken können zur Plage werden.

Die wichtigsten Abwehrmaßnahmen –
Schritt für Schritt:

- Unter Holzbrettern und Töpfen sammeln sich Schnecken, die nachts eingesammelt werden können. Diese Maßnahme eignet sich besonders auf kleinem Raum wie Balkon oder Terrasse.
- Pflanzen setzen, die Schnecken nicht riechen können: vor allem Senf und Kapuzinerkresse.
- Sägespäne, Flachsschäben, Steinmehl und Holzasche rund um gefährdete Pflanzen ausstreuen – muss nach jedem Regen erneuert werden.

Schnecken sind Bierliebhaber

Lange Zeit galt die Bierfalle im Garten als Allheilmittel. Mittlerweile wird sie nur dort empfohlen, wo Beete abgegrenzt sind. Auf Terrassen könnte sie daher ein ganz gutes Lockmittel sein, da wenige Tiere nachwandern. Bierfallen funktionieren so: Plastikbecher oder Gläser aufstellen oder in größeren Töpfen bodeneben eingraben und zu einem Drittel mit Bier füllen. Die Schnecken werden durch den Geruch angezogen, rutschen in die Falle und verenden.

Als Regenschutz kann man über die Falle einen größeren Becher mit seitlichen Eingängen als Dach stellen.

Schneckenkorn – ja oder nein?

Gar keine leichte Frage. Ist das Schneckenkorn doch die einfachste Möglichkeit, die lästigen Plagegeister zu beseitigen – meint man. Das herkömmliche Schneckenkorn besteht aber aus Stoffen, die auch Laufkäfern, Regenwürmern und Igeln gefährlich werden können. Das auf Eisen-III-Phosphat aufgebaute Mittel „Ferramol" hat keine umweltbedenklichen Auswirkungen, sollte aber trotzdem nur im Notfall verwendet werden, da es auch nützliche oder harmlose Schnecken bekämpft. Nach dem Anwenden muss es allerdings angegossen werden, oder – noch besser – man streut es bei Regen aus.

Hochbeeten sind für Schnecken nicht so interessant.

Ameise

Verteidigt Blattläuse und frisst mitunter Wurzelhälse an. Lavendel, Majoran, Thymian sowie Paradeiserblätter auslegen – dieser Geruch vertreibt die Ameisen. Als Fallen umgedrehte Tonblumentöpfe über die Nester oder Ameisenstraßen stellen. Nach einigen Tagen errichten die Tiere darin einen Bau – so kann das Nest abgesiedelt werden.

Kohlweißling

Raupen fressen Löcher in die Blätter. Raupen vorsorglich absammeln. Paradeiser als Abwehrpflanzen setzen. Schlupfwespen als natürliche Feinde einsetzen.

Dickmaulrüssler

Wenn die Blätter Ihrer Pflanzen tief eingebuchtete Fraßstellen zeigen, aber weit und breit kein Schädling in Sicht ist, war der Dickmaulrüssler am Werk. Der etwa 1 Zentimeter lang, schwarze Käfer mit der typischen rüsselförmig verlängerten Kopfform ist nur nachts unterwegs. Während er oberirdisch frisst, schädigen seine Larven die Pflanzenwurzeln. Gegen Larven und Käfer hilft Rainfarntee (30 g getrocknete Blüten werden mit 1 Liter kochendem Wasser überbrüht; 10 Min. ziehen lassen und zweifach verdünnt gießen und spritzen). Im Mai und Juni ist nächtliche Käferjagd empfohlen, dann können Sie die Käfer nachts absammeln.

Spinnmilbe

Bildet ein feines Spinngewebe an der Blattunterseite. Raubmilben, Raubwanzen und Spinnen sind die natürlichen Feinde. Spinnmilben treten besonders stark bei trockener Umgebung auf. Daher (vor allem im Überwinterungsquartier) für Luftfeuchtigkeit sorgen.

Weiße Fliege

Tritt meist zuerst an der Blattunterseite auf. Bei starkem Befall übertragen die Fliegen Pilzkrankheiten. Gelbfallen – mit Leim beschichtete gelbe Plastikstreifen oder -tafeln – aufhängen (vor allem in Gewächshäusern und im Überwinterungsquartier). Biologische Spritzmittel verwenden.

Wichtig: Rechtzeitig bekämpfen, sonst wird sie sehr lästig!

Die häufigsten Pilzkrankheiten

Echter und Falscher Mehltau
Kranke Blätter immer sofort entfernen und vernichten. Wählen Sie vorbeugend widerstandsfähige Sorten.

Grauschimmel
Auch hier kranke Pflanzenteile sofort entfernen, Pflanzen „luftiger" stellen und nicht zu stark düngen. Beim Gießen darauf achten, dass die Blätter am Abend nicht nass werden. Mulchen mit Stroh hält die Früchte sauber und trocken.

Rost und Sternrußtau
Diese beiden Pilzkrankheiten befallen meist Rosenblätter. Ständig und sehr sorgfältig alle kranken Pflanzenteile entfernen, im Herbst auch alle abgefallenen Blätter, damit eine Neuinfektion verhindert wird.

Pilzerkrankungen vorbeugen

Sehr viele Pflanzenkrankheiten, wie Grauschimmel, Kohlhernie, Mehltau, Rost und Sternrußtau, sind auf einen falschen Standort oder falsche Pflege zurückzuführen. Beim Gießen die Blätter nicht benetzen und Pflanzen nicht zu eng setzen, damit die Luft nicht stickig und feucht wird.

Gerade bei Pilzerkrankungen ist also vorbeugender, vorausschauender Pflanzenschutz besonders wichtig. Daneben helfen auch Spritzungen mit Ackerschachtelhalmbrühe. Sie stärken die Abwehrkräfte durch ihren hohen Kieselsäureanteil, den Grundstoff kann man in Apotheken kaufen.

Noch etwas: Nicht alle Pflanzen sind für kühles, regnerisches Klima geeignet. Hier generelle Aussagen zu machen, wäre aber unseriös, denn oft genügt schon ein Platz unter einem Dachvorsprung, und die Pflanze gedeiht prächtig, während sie auf dem Balkon nur dahinkümmern würde.

Spritzmittel aus dem Geschäft

Sehr viele biologische Spritzmittel sind im Handel erhältlich. Aber auch sie sollten nur im Notfall verwendet werden. Unbedingt wichtig ist es, die genauen Anwendungsvorschriften der Hersteller einzuhalten. Das berühmte „Schluckerl" mehr, damit es wirklich hilft, schadet Pflanzen und Nützlingen meist enorm. Achten Sie auf das "Natur im Garten" Gütesiegel, welches nur auf ökologisch vertretbaren Produkten zu finden ist.

Register

A
Ameise 90
Ananas-Erdbeere 57
Apfelpaprika 50
Aubergine 55

B
Balkon-Dahlie 25
Balkon-Verbene 24
Basilikum 62, 63, 64, 66
Bewässerungssysteme 15
Blattläuse 19, 20, 82
Blaues Geißblatt 79, 80
Blockpaprika 50
Blumenerde 8, 9, 20, 23, 45
Blumenkohl 45, 48, 49
Bodendecker-Geißblatt 77
Bokashi 13
Brombeere 59, 84
Brunnenkresse 66
Buschbohne 46

C
Chili 50

D
Dickmaulrüssler 90
Dill 67
Duft-Pelargonie 72
Duftsteinrich 21

E
Eberraute 71, 72
Echter Salbei 71, 72
Efeu 75, 77
Eierfrucht 55
Eisenkraut 24
Elfenspiegel 27

F
Fächerblume 27
Falscher Mehltau 92
Feder-Nelke 34
Feige 43
Feuerbohne 46
Fleißiges Lieschen 30

G
Garten-Strohblume 18
Gemeine Nachtkerze 34
Gemüsepaprika 50
Gewürzrinde 42

Goldmarie 20
Gold-Zweizahn 20
Grauschimmel 92, 93
Großblütige Königskerze 33
Großer Gauchheil 26
Gurke 9, 47

H
Hanfpalme 42
Hänge-Pelargonie 31
Heide-Nelke 33
Himbeere 58
Holzgefäße 6
Husarenknöpfchen 19

I
Insektenhotel 84

J
Japanische Hänge-Petunie 23, 24
Judasbaum 78, 80

K
Kamille 67, 69
Kanaren-Dattelpalme 39
Kapkörbchen 19, 31
Kapringelblume 19
Kapuzinerkresse 24, 64, 85, 89
Karotte 54
Kartoffel 48
Kartoffelblume 29
Kirschchili 50
Kirschlorbeer 76, 77
Kirschpaprika 50
Klatsch-Mohn 32
Kohlrabi 45, 48, 49
Kohlweißling 90
Kompost 8, 13, 37, 48, 50,
Kompostwürmer 13
Kornblume 32
Kräuter 11, 51, 60, 67
Kräutererde 62
Kräuterspirale 61
Kräutertopf 2, 62
Kresse 66

L
Lakritz-Strohblume 22
Lavendel 46, 62, 70, 72, 90
Lorbeer 37, 43, 88

M
Mairübe 54
Mehl-Salbei 22
Möhre 54
Monats-Erdbeere 58

N
Nährstoffversorgung 10, 52, 85
Nützlinge 84, 86, 87, 88

O
Ohrwürmer 86, 87
Oleander 37, 38, 39, 88
Olivenbaum, Ölbaum 41
Orangen-, Zitronen-,
Mandarinenbäumchen 40
Oregano 18

P
Palmlilie 42
Paprika 2, 45, 50
Pelargonie 20, 23, 24, 31, 72
Peperoni 2, 50, 87
Petersilie 9, 62, 64
Pfefferminze 72
Pflanzengesundheit 85
Pflücksalate 51

R
Radieschen 45, 54
Ribisel 59
Ringelblume 9, 68, 69
Rosa Winter-Schneeball 78, 80
Rosmarin 37, 61, 62, 67, 69
Rote Johannisbeere 59
Rotes Seifenkraut 35
Rucola 63, 65

S
Salate 45, 50, 51
Samenanzucht 45
Säulen-Apfel 57
Schildläuse 88
Schmucklilie 40
Schnecken 47, 88, 89
Schneeflockenblume 31
Schnittknoblauch 62, 65
Schnittlauch 62, 65
Schwarzäugige Susanne 29
Sommerefeu 28
Spinnmilbe 55, 91

Spitzpaprika 50	Trockenschäden 75	**Y**
Stachelbeere 59		Ysop 70, 72
Stechpalme 76, 77	**W**	
Sternrußtau 92, 93	Wandelröschen 28, 41	**Z**
Strauch-Basilikum 64	Weihrauchpflanze 19, 27	Zigarettenblume 25
Strauchmargerite 21	Weiße Fliege 19, 20, 21, 47, 53, 55, 91	Zitronenmelisse 69
	Wilder Majoran 35	Zitronenverbene 67, 68, 69
T	Winter-Geißblatt 79, 80	Zucchini 2, 45, 47
Thymian 62, 68, 69, 70, 90	Winterhärte 2, 34, 74	Zuckermais 55
Torenie 26	Winter-Jasmin 80	Zwerg-Eibe 77
Toskanische Palmkohl 49	Wurmkompost 12, 13	Zylinderputzer 40

ANSPRECHPARTNER ZU ÖKOLOGISCHEN GARTENFRAGEN IM DEUTSCHSPRACHIGEN RAUM:

Österreich

Kompetenzzentrum „Natur im Garten"
Am Wasserpark 1, 3430 Tulln,
Tel.: +43 (0)2742 74 333,
post@naturimgarten.at, www.naturimgarten.at,
„Natur im Garten"-Telefon: +43 (0)2742 74 333
oder gartentelefon@naturimgarten.at

Tirol:
„Natur im Garten Tirol"
Tiroler Bildungsforum – Forum blühendes Tirol
Sillgasse 8/2, 6020 Innsbruck,
Tel.: +43 (0)512 581465,
tiroler.bildungsforum@tsn.at, www.tiroler-bildungsforum.at

Vorarlberg:
„Natur im Garten" Vorarlberg
faktor NATUR
Backenreuterstraße 39, 6912 Hörbranz,
Tel.: +43 (0)5573 82626, www.faktornatur.com
Beratung und Information in Deutschland/Vorarlberg,
www.gartenakademien.de, www.faktornatur.com

Deutschland

Baden-Württemberg:
Gartenakademie Baden-Württemberg e. V.
Diebsweg 2, 69123 Heidelberg,
Grünes Telefon: +49 (0)900 1042290,
Tel.: +49 (0)6221 7484810,
gartenakademie@lvg.bwl.de, www.gartenakademie.info

Bayern:
Verband Wohneigentum
Landesverband Bayern e. V.
Tel.: +49 (0)961 48 2880,
bayern@verband-wohneigentum.de,
www.verband-wohneigentum.de/bayern

Mecklenburg-Vorpommern:
„Natur im Garten"
Mecklenburg-Vorpommern
Das Gartentelefon
Tel.: +49 (0)39934 899646
Jeden Montag von 13–17 Uhr
info@natur-im-garten-mv.de

Sachsen-Anhalt:
gARTenakademie Sachsen-Anhalt e. V.
Salzwedeler Torstraße 34
39638 Hansestadt Garelegen
Tel.: +49 (0)1573 6888 488
info@gartenakademie-sachsen-anhalt.de
www.gartenakademiesachsen-anhalt.de

Schweiz

Verein Bodenseegärten
Schloss Arenenberg, 8268 Salenstein
mg@gruenenfelder-beratungen.ch

Impressum

avBUCH im CADMOS Verlag

Copyright © 2017 Cadmos Verlag GmbH, Schwarzenbek

Gestaltung: www.ravenstein2.de
Satz: Pinkhouse Design GmbH, www.pinkhouse.at
Lektorat: Dipl.-Ing. Christine Weidenweber, Ing. Barbara P. Meister MA, FachLektor.at
Projektleitung: Christine Weidenweber, www.verbene.eu
Coverfoto: GartenAkademie.com
Foto Umschlagseite hinten: Mathias Weidinger
Druck: Graspo CZ, a.s., Tschechische Republik, www.graspo.com

Deutsche Nationalbibliothek – CIP-Einheitsaufnahme
Die Deutsche Nationalbibliothek verzeichnet diese Publikation in der Deutschen Nationalbibliografie; detaillierte bibliografische Daten sind im Internet über http://dnb.ddb.de abrufbar.

Alle Rechte vorbehalten.

Abdruck oder Speicherung in elektronischen Medien nur nach vorheriger schriftlicher Genehmigung durch den Verlag.

Printed in Czech Republic

ISBN: 978-3-8404-8208-3

Für die Richtigkeit der Angaben wird trotz sorgfältiger Recherche keine Haftung übernommen.